GHIDUL ULTIMATIV AL BUCĂTĂRIEI INDIENE SECRETELE CURRY-ULUI PERFECT

100 DE REȚETE INDIENE PENTRU CURRY, DALS, CHUTNEYS, MASALAS, BIRYANI ȘI O MULȚIME DE REȚETE

Elena Ionescu

Toate drepturile rezervate.

Disclaimer

Informațiile conținute în această carte electronică sunt menite să servească drept o colecție cuprinzătoare de strategii despre care autorul acestei cărți electronice a făcut cercetări. Rezumatele, strategiile, sfaturile și trucurile sunt doar recomandări ale autorului, iar citirea acestei cărți electronice nu va garanta că rezultatele cuiva vor oglindi exact rezultatele autorului. Autorul cărții electronice a depus toate eforturile rezonabile pentru a furniza informații actuale și exacte pentru cititorii cărții electronice. Autorul și asociații săi nu vor fi făcuți la răspundere pentru orice eroare sau omisiuni neintenționate care pot fi găsite. Materialul din cartea electronică poate include informații de la terți. Materialele terților cuprind opinii exprimate de proprietarii acestora. Ca atare, autorul cărții electronice nu își asumă responsabilitatea sau răspunderea pentru orice material sau opinii ale terților. Fie din cauza progresului internetului, fie din cauza modificărilor neprevăzute ale politicii companiei și ale ghidurilor de trimitere editorială, ceea ce este declarat ca fapt la momentul scrierii acestui articol poate deveni depășit sau inaplicabil ulterior.

Cartea electronică are drepturi de autor © 2023 cu toate drepturile rezervate. Este ilegal să redistribuiți, să copiați sau să creați lucrări derivate din această carte electronică, integral sau parțial. Nicio parte a acestui raport nu poate fi reprodusă sau retransmisă sub nicio formă, fără permisiunea scrisă exprimată și semnată din partea autorului.

CUPRINS

CUPRINS 3

INTRODUCERE 7

CURRY DE LEGUME 8

    1. Tocană de curry thailandez 9
    2. Curry de cartofi dulci 13
    3. Curry de legume în stil thailandez 16
    4. Curry de vinete și mentă 19
    5. Curry thailandez de legume galbene 23
    6. Ceapă bhaji curry 27
    7. Koftas de spanac în sos de iaurt 31
    8. Curry de vinete din Sri Lanka 35
    9. Curry de vinete iute și acru 38
    10. Curry cu dovleac și 41

CURRY PEȘTE ȘI FRUCCE DE MARE 44

    11. Curry de creveți 45
    12. Halibut – Curry de legume 48
    13. Curry de midii 52
    14. Curry cu lemongrass și creveți 55
    15. Curry 58
    16. Pește și curry de arahide 62
    17. Scoici și creveți chu chee 65
    18. Creveți picante 69
    19. Pește în curry de iaurt 73
    20. Creveți curry de junglă 76
    21. Calamar la curry 80
    22. Curry balinez cu fructe de mare 83
    23. Curry de pește Goan 87
    24. Curry cu pește tamarind 91
    25. Creveți acri și curry de dovleac 95

26. Koftas de pește în sos de curry 99
27. Curry verde cu bile de pește 103
28. Creveți cu busuioc thailandez 106
29. Curry cremos de creveți 109

CURRY PĂSĂRE 111

30. Pui curry dulce-acru 112
31. Supă de curry cu tăiței 115
32. Curry în stil caraibian 119
33. Cioara de pui curry 122
34. Pui curry 125
35. Pui curry în stil thailandez 128
36. Curry de pui cu nucă de cocos 131
37. Curry cu ananas 134
38. Curry în stil indian 137
39. Curry picant de curcan 141
40. Curry de rață cu ananas 144
41. Koftas bogat de pui 148
42. Pui cu unt 152
43. Curry de pui și mere vinete 156
44. Pui curry birmanez 160
45. Pui curry din Malaezia 163
46. Pui curry din Malaezia 166
47. Curry de rață și nucă de cocos 169
48. Pui condimentat și migdale 173
49. Pui în lapte de cocos 176
50. Chicken curry 180
51. Pui și curry de roșii 184
52. Pui masala 188
53. Curry de rață la grătar cu litchi 191
54. Curry de pui, migdale și stafide 195
55. Pui curry vietnamez 199

CURRY DE VITA 203

56. Panang Chile Curry 204

57. Curry de vită homestyle 207
58. Curry de vită și nucă de cocos 212
59. Chiftelă Curry 215
60. Curry de legume Massaman 220
61. Carne de vită thailandeză și curry de arahide 224
62. Curry thailandez de vită roșie și vinete 228
63. Curry de vită Massaman 231
64. Curry de vita cu ardei 235
65. Rendang carne de vită 238
66. Carne de vită și curry din semințe de muștar 241
67. Biluțe de vită și usturoi murat 244
68. Busuioc, carne de vită și piper curry 247

MIEL CURRY 250

69. Miel dhansak 251
70. Curry de miel și cartofi 255
71. Curry de miel și iaurt 259
72. Korma de miel 262
73. Mielul Rogan josh 266
74. Miel in stil balti 270
75. Miel acru și curry de bambus 273
76. miel coriandru 277
77. Curry de miel și spanac 281
78. Miel tocat cu portocale 285
79. Curry de miel bătut 288
80. Lamb rizala 291

CURRY DE PORC 293

81. Muschiță de porc în curry verde 294
82. Curry cu mere și porc 298
83. Porc la grătar cu curry 301
84. Curry de porc cu vinete 304
85. Curry de porc prăjit din Sri Lanka 308
86. Vindaloo de porc 311
87. Curry de porc și cardamom 314

- 88. Curry de porc cu cinci condimente 317
- 89. Curry de porc cu ierburi verzi 320
- 90. Carne de porc, miere și curry de migdale 324

CEREALE/CURRY CEREALE 327

- 91. Curry de linte 328
- 92. Curry de conopidă și năut 331
- 93. Curry cu naut si quinoa 334
- 94. Dal curry 337
- 95. Dum aloo 340
- 96. Paneer și curry de mazăre 344

CURRY DE FRUCTE 347

- 97. Curry de ananas iute și acru 348
- 98. Carne de porc dulce și curry cu ananas 351
- 99. Curry de porc și pepene amar 354
- 100. Snapper cu banane verzi și mango 357

CONCLUZIA 361

INTRODUCERE

Istoria curry-ului indică multe țări și culturi. Din India până în Orientul Mijlociu și Asia, curry-ul a fost de secole un produs de bază al bucătăriei. Acum se găsește în boluri de pe mesele din întreaga lume. Oamenii de mai multe naționalități și etnii se bucură de curry.

Prepararea mâncărurilor cu curry poate oferi aproape la fel de multă plăcere ca și mâncarea lor. Puteți începe de la zero sau, dacă sunteți nou la curry, puteți să vă pregătiți preparatul dintr-o pastă de curry sau pudră de curry.

Dacă vă faceți propria pulbere, puteți adăuga ingrediente suplimentare precum usturoi, sare de condimente sau alte tipuri de condimente. Un prim curry bun este un curry de pui sau curry de pui cu unt.

Puteți economisi timp și nu sacrifica aroma dacă folosiți pastă de curry gata preparată. Această pastă vă va permite să pregătiți cu ușurință curry delicioase precum Korma sau Tikka Masala. Poti folosi pasta de curry cu legume si carne si sa adaugi orice ingrediente in plus care sa iti placa palatul.

După ce ați pregătit curry-ul, îl puteți servi încălzit cu chutney și pâine naan !

CURRY DE LEGUME

Tocană de curry thailandez

Face 4 portii

Ingrediente:

Pentru pasta de curry:

- 6 ardei iute cu tulpină și semințe, uscați
- 1/2 linguriță de sare, cușer
- 1 x 4" de jos de tulpină de lămâie decojită, tăiată cuburi de 1".
- 2 linguri de galangal proaspăt, decojit, feliat
- 2 linguri de turmeric proaspăt, feliat și decojit
- 1/2 cană de eșalotă, tocată
- 1/4 ceasca de jumatati de catei de usturoi
- 1 lingură de pastă de creveți, thailandeză

Pentru tocană:

- 2 lbs. de carne de vită tăiată, cuburi de 1 și 1/2 inch
- 3 linguri de sos de soia, thailandez
- 2 linguri de ardei iute thailandezi, macinati si uscati

- 9 căni de bulion de vită, cu conținut scăzut de sodiu

- 1 cană de eșalotă, tăiată la jumătate

- 3 morcovi decojiți, tăiați pe lungime, tăiați în cruce, medii

- 6 frunze de tei kaffir congelate sau proaspete

- Pentru a servi: coriandru tocat și busuioc feliat

Directii:

a) Pentru a pregăti pasta de curry, pisați ardeii iute și sare cu pistil în mojar timp de 5-6 minute. Adăugați celelalte ingrediente de pastă unul după altul, în ordinea de mai sus, pulverizându-le complet înainte de a le adăuga pe următorul. Acest lucru va dura 15-20 de minute în total.

b) Pentru a pregăti tocana, combinați pasta de curry cu sos de soia, carne de vită și ardei iute într-o oală mare. Se amestecă uniform, acoperind

c) bine de vită. Amestecați ocazional în timp ce gătiți timp de 5-6 minute la foc mediu . Adăugați bulionul. Se aduce la fiert.

d) Acoperiți și reduceți căldura la mediu-scăzut . Amestecați ocazional în timp ce fierbeți timp de

2 până la 2 și 1/2 ore, până când carnea de vită devine fragedă, dar nu se destramă încă.

e) Se amestecă frunzele de tei, șalota și morcovii. Se fierbe timp de 10-12 minute, până când legumele sunt abia fragede. Folosiți busuioc și coriandru pentru a decora și servi.

1. Curry de cartofi dulci

Face 4 portii

Ingrediente:

- 2 linguri de ulei de canola
- 1 linguriță de semințe de muștar
- 1 lingurita de seminte de chimen
- 2 cepe medii tocate
- Sare kosher, după dorință
- Piper, măcinat, după dorință
- 3 catei de usturoi tocati marunt
- 1 lingura de ghimbir curatat si tocat
- 1 & 1/2 linguriță de turmeric, măcinat
- Opțional: 1 linguriță de amestec de condimente garam masala
- 1 praf de piper, cayenne
- 1 lb. de varză de Bruxelles tăiată, tăiată la jumătate
- 1 și 1/2 lb. de 1/2"-cuburi și cartofi dulci decojiți
- 1 conserve de 15 uncii de năut clătit
- 2/3 cană lapte, nucă de cocos

- 2 curmale tocate
- De servit: iaurt grecesc

Directii:

a) Încinge uleiul într-o oală mare, mare, la foc mediu . Adăugați semințele de muștar și chimenul. Amestecați des în timp ce gătiți timp de un minut, până când semințele de muștar încep să scadă.

b) Adăugați ceapa și folosiți sare pentru a asezona. Amestecați des în timp ce gătiți timp de 5-7 minute, până ce ceapa începe să se înmoaie. Adăugați ghimbir și usturoi.

c) Amestecați în timp ce gătiți timp de 1-2 minute, până se parfumează. Adăugați și amestecați garam masala (opțional), cayenne și turmeric. Asezonați după dorință.

d) Adăugați năutul, varza de Bruxelles și cartofii dulci. Asezonați după dorință. Adăugați 2/3 cană de apă și lapte de cocos și amestecați. Se aduce la fiert. Reduceți focul la fiert.

e) Gătiți timp de 18 până la 20 de minute, până când legumele devin fragede. Se amestecă curmalele. Lăsați oala descoperită și fierbeți încă 3-4 minute. Se servesc cu cuburi de iaurt grecesc.

2. Curry de legume în stil thailandez

Face 6 portii

Ingrediente:

- 1 x 8,8 oz. pachet de taitei de orez, subtire
- 1 lingura ulei, susan
- 2 linguri de pasta de curry, rosu
- 1 cană de lapte de cocos, ușor
- 1 x 32 oz. cutie de bulion de legume sau bulion de pui cu conținut scăzut de sodiu
- 1 lingură de sos de pește sau sos de soia cu conținut scăzut de sodiu
- 1 x 14 oz. pachet de tofu scurs, tăiat cuburi, ferm
- 1 x 8 și 3/4 oz. conserve de porumb pentru bebeluși scurs, tăiat la jumătate, întreg
- 1 x 5 oz. conserve de muguri de bambus scurși
- 1 și 1/2 cană de ciuperci proaspete, feliate
- Ardei dulce roșu mediu tăiat în fâșii de 1/2 inch
- Frunze de busuioc proaspăt rupte, după dorință
- Fâșii de lămâie proaspătă, după dorință

Directii:

a) Pregătiți tăiețeii folosind instrucțiunile de pe ambalaj. Pune-le deoparte.

b) Încinge uleiul la foc mediu într-o oală mare. Adăugați pasta de curry și gătiți timp de 1/2 minut, până devine aromată. Se amestecă treptat laptele de cocos până se omogenizează bine. Adăugați și amestecați sosul de soia și bulionul. Se aduce la fiert.

c) Adăugați legumele și tofu în oală. Gatiti 3-5 minute, pana cand legumele sunt fragede-crocante. Scurgeți tăiețeii și adăugați-i la amestec.

d) Acoperiți porțiile individuale cu busuioc rupt și serviți împreună cu felii de lime proaspătă, dacă doriți.

3. Curry de vinete și mentă

Face 4 portii

Ingrediente:

- 2 linguri de ulei de cocos
- 1 linguriță de semințe de muștar
- 1 lingurita de seminte de chimen
- 3 catei de usturoi tocati
- 1 lingura de ghimbir proaspat, tocat marunt
- 1 ceapa medie, tocata
- Sare de mare, după dorință
- 1 lingurita de turmeric, macinata
- 1 praf de piper cayenne
- 2 roșii ras, mari – suc de rezervă
- 5 căni de vinete cuburi de 1/2".
- 1 și 1/4 cană de năut, scurs și fiert
- 4 lingurite de jalapeño, tocate mărunt
- 1 eșalotă tocată mărunt
- 1 lingura de suc de lamaie, proaspat + extra pentru servire

- 1 lingurita de miere pura

- 2 linguri de cocos neindulcit, fulgi

- 1 cană de frunze de mentă, tocate grosier

- 1/4 cana frunze de coriandru, tocate grosier

- Piper măcinat, după dorință

- De servit: iaurt simplu

Directii:

a) Încinge uleiul într-o tigaie mare la foc mediu-mare . Adăugați semințele de muștar și chimenul. Gatiti 1/2 minut si adaugati ghimbirul si usuroi.

b) Amestecați timp de 1-2 minute, până când usturoiul începe să se rumenească, apoi amestecați ceapa și sarea, după cum doriți. Amestecați des în timp ce gătiți timp de 4-5 minute, până când ceapa devine fragedă.

c) Adăugați și amestecați ardeiul cayenne și turmeric. Adăugați roșiile cu suc. Adăugați 1/4 cană de apă, 1 praf de sare, năut și vinete. Amestecați, apoi reduceți nivelul de căldură la mediu-scăzut . Acoperiți tigaia. Se fierbe timp de 14-16 minute, până vinetele devin fragede.

d) Scoateți tigaia de pe foc. Adăugați jalapeño, miere, eșalotă și sucul de lămâie. Încorporați menta, nuca de cocos și coriandru.

e) Asezonați după dorință. Acoperiți cu iaurt și serviți.

4. Curry thailandez de legume galbene

Face 6 portii

Ingrediente:

- 8 ardei iute verzi
- 5 şalote asiatice roşii, tocate
- 2 catei de usturoi, macinati
- 1 lingura tulpina si radacina de coriandru tocate marunt
- 1 tulpină de lemongrass, doar partea albă, tocată mărunt
- 2 linguri galangal tocat marunt
- 1 lingurita coriandru macinat
- 1 lingurita chimen macinat
- 1 lingurita turmeric macinat
- 1 lingurita boabe de piper negru
- 1 lingura suc de lamaie
- 3 linguri ulei 1 ceapa tocata marunt
- 200 g (7 oz) cartofi universali, tăiați cubulețe
- 200 g (7 oz) dovlecei (dovlecei), tăiați cubulețe
- 150 g (5½ oz) ardei capia roșu, tăiat cubulețe

- 100 g (3½ oz) fasole tăiată pe jumătate, tăiată

- 50 g (1¾ oz) muguri de bambus, feliați

- 250 ml (9 oz/1 cană) supă de legume

- 400 ml (14 oz) cremă de cocos busuioc thailandez, de servit

Directii:

a) Puneți toate ingredientele din pasta de curry într-un robot de bucătărie sau într-un mojar cu un pistil și procesați sau bateți până la o pastă netedă.

b) Încălziți uleiul într-o cratiță mare, adăugați ceapa și gătiți la foc mediu timp de 4-5 minute sau până când se înmoaie și devine auriu. Adăugați 2 linguri din pasta de curry galben făcută și gătiți, amestecând, timp de 2 minute sau până când este parfumat.

c) Adăugați toate legumele și gătiți, amestecând, la foc mare timp de 2 minute. Turnați supa de legume, reduceți focul la mediu și gătiți, acoperit, timp de 15-20 de minute sau până când legumele sunt fragede. Gatiti, descoperit, la foc mare, timp de 5-10 minute, sau pana cand sosul s-a redus putin.

d) Se adauga crema de cocos si se condimenteaza cu sare dupa gust. Se aduce la fierbere, amestecând des, apoi se reduce focul și se fierbe timp de 5 minute. Se ornează cu frunze de busuioc thailandez.

5. Ceapă bhaji curry

Face 4 portii

Ingrediente:

- 2 linguri ulei
- 1 lingurita de ghimbir ras
- 2 catei de usturoi, macinati
- 425 g (15 oz) roșii zdrobite la conserva
- 1 lingurita turmeric macinat
- ½ lingurita praf de chilli
- 1½ linguriță de chimen măcinat
- 1 lingurita coriandru macinat
- 1½ lingurita garam masala
- 250 ml (9 oz/1 cană) smântână îngroșată (pentru frișcă).
- frunze de coriandru tocate
- 125 g (4½ oz/1¼ cani) făină de năut
- 1 lingurita turmeric macinat
- ½ lingurita praf de chilli
- 1 lingurita asafoetida

- 1 ceapă, feliată subțire
- ulei pentru prăjire

Directii:

a) Se încălzește uleiul într-o tigaie, se adaugă ghimbirul și usturoiul și se gătesc timp de 2 minute, sau până când sunt parfumate. Adăugați roșia, turmeric, praf de ardei iute, chimen, coriandru și 250 ml (9 oz/1 cană) apă. Se aduce la fierbere, apoi se reduce focul și se fierbe timp de 5 minute, sau până se îngroașă ușor.

b) Adăugați garam masala, amestecați smântâna și fierbeți timp de 1-2 minute. Se ia de pe foc.

c) Pentru a face bhajis, combinați besanul, turmericul, pudra de ardei iute și asafoetida cu 125 ml (4 oz/½ cană) apă și sare după gust. Bateți pentru a obține un aluat fin, apoi amestecați ceapa.

d) Umpleți o cratiță adâncă cu ulei cu o treime și încălziți la 160°C (315°F) sau până când un cub de pâine a căzut în ulei se rumenește în 30 de secunde.

e) Adăugați linguri de amestec de ceapă în loturi și gătiți timp de 1-2 minute, sau până când se rumenesc peste tot, apoi scurgeți pe un prosop de hârtie. Se toarnă sosul peste bhajis și se ornează cu frunze de coriandru.

6. Koftas de spanac în sos de iaurt

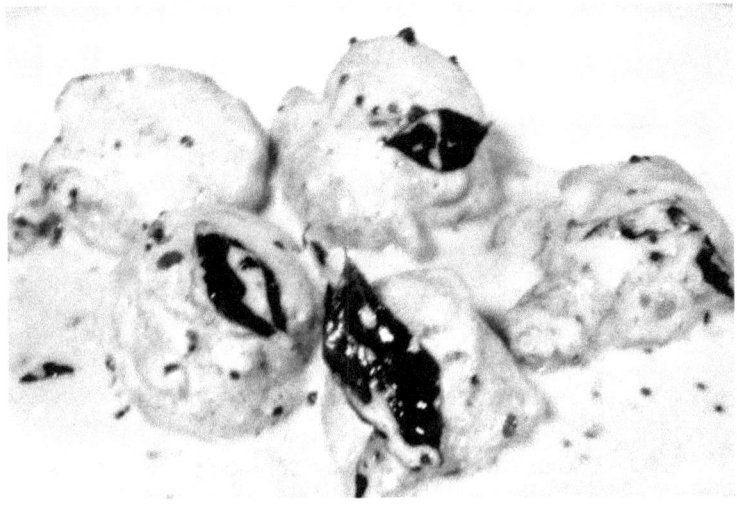

Face 4 portii

Ingrediente:

- 375 g (13 oz/1½ cani) iaurt simplu
- 35 g (1¼ oz/1/3 cană) făină de năut
- 1 lingura ulei
- 2 linguriţe de seminţe de muştar negru
- 1 lingurita de seminte de schinduf
- 6 concediu de curry
- 1 ceapa mare, tocata marunt
- 3 catei de usturoi, macinati
- 1 lingurita turmeric macinat
- ½ lingurita praf de chilli

Koftas

- 450 g (1 lb/1 buchet) spanac englezesc
- 170 g (6 oz/1½ căni) făină de năut
- 1 ceapa rosie, tocata marunt
- 1 roșie coaptă, tăiată mărunt

- 2 catei de usturoi, macinati
- 1 lingurita chimen macinat
- 2 linguri frunze de coriandru
- ulei pentru prăjire

Directii:

a) Pentru a face sosul de iaurt, amestecați într-un castron iaurtul, besanul și 750 ml (26 oz/3 căni) de apă, până la o pastă netedă. Se încălzește uleiul într-o cratiță groasă sau într-o tigaie adâncă la foc mic.

b) Adăugați muștarul și semințele de schinduf și frunzele de curry, acoperiți și lăsați semințele să stea timp de 1 minut.

c) Adăugați ceapa și gătiți timp de 5 minute, sau până când se înmoaie și începe să se rumenească.

d) Adăugați usturoiul și amestecați timp de 1 minut sau până când se înmoaie. Adăugați turmericul și pudra de chilli și amestecați timp de 30 de secunde. Se adauga amestecul de iaurt, se aduce la fiert si se fierbe la foc mic timp de 10 minute.

e) Pentru a face koftas de spanac, se fierbe spanacul în apă clocotită timp de 1 minut și se împrospătează în apă rece. Scurgeți, stoarceți orice apă în plus, punând spanacul într-o strecurătoare și apăsând-o pe părțile laterale cu o lingură. Se toacă mărunt spanacul.

f) Combinați cu ingredientele kofta rămase și până la 3 linguri de apă, câte puțin, adăugând suficient pentru a face amestecul moale, dar nu neglijent. Dacă devine prea neglijent, adăugați mai mult besan. Modelați amestecul în bile rulându-l cu mâinile umezite, folosind aproximativ 1 lingură de amestec pentru fiecare. Acest lucru ar trebui să facă 12 koftas.

g) Umpleți o cratiță grea cu ulei până la o treime și încălziți la 180°C (350°F) sau până când un cub de pâine se rumenește în 15 secunde. Coborâți koftasul în ulei în loturi și prăjiți până devin aurii și crocanți. Nu supraaglomera tigaia.

h) Scoateți koftele pe măsură ce se gătesc, scuturați excesul de ulei și adăugați-le în sosul de iaurt. Reincalzeste usor sosul de iaurt, orneaza cu frunze de coriandru si serveste.

7. curry de vinete din Sri Lanka

Face 6 portii

Ingrediente:

- 1 lingurita turmeric macinat
- 12 vinete subțiri (vinete), tăiate rondele de 4 cm (1½ inch)
- ulei pentru prăjire
- 2 cepe, tocate mărunt
- 2 linguri pudră de curry din Sri Lanka
- 2 catei de usturoi, macinati
- 8 frunze de curry, tocate grosier, plus frunze întregi suplimentare pentru ornat
- ½ lingurita praf de chilli
- 250 ml (9 oz/1 cană) cremă de nucă de cocos

Directii:

a) Amestecați jumătate din turmeric măcinat cu 1 linguriță de sare și frecați vinetele, asigurându-vă că suprafețele tăiate sunt bine acoperite. Se pune intr-o strecuratoare si se lasa 1 ora. Clătiți bine și puneți pe un prosop mototolit pentru a îndepărta orice exces de umiditate.

b) Umpleți o cratiță adâncă cu ulei cu o treime și încălziți la 180°C (350°F) sau până când un cub de pâine a căzut în ulei se rumenește în 15 secunde. Gatiti vinetele in loturi timp de 1 minut sau pana cand devin maro auriu. Scurgeți pe un prosop de hârtie mototolită.

c) Încălziți uleiul suplimentar într-o cratiță mare, adăugați ceapa și gătiți la foc mediu timp de 5 minute sau până se rumenește.

d) Adăugați în tigaie praful de curry, usturoiul, frunzele de curry, pudra de ardei iute, vinetele și turmericul rămas și gătiți timp de 2 minute. Se amestecă crema de nucă de cocos și 250 ml (9 oz/1 cană) apă și se condimentează cu sare după gust.

e) Reduceți focul și fierbeți la foc mic timp de 3 minute, sau până când vinetele sunt complet fierte și sosul s-a îngroșat puțin. Se ornează cu frunze suplimentare de curry.

8. Curry de vinete iute și acru

Face 4 portii

Ingrediente:

- 1 vinete mare (aproximativ 500 g/1 lb 2 oz) (vinete)
- 2 roșii mici
- 2 linguri ulei
- 3 lingurițe de semințe de schinduf
- 3 lingurițe de semințe de fenicul
- 4 catei de usturoi, macinati
- 1 ceapă mare, tăiată mărunt
- 4 frunze de curry
- 1½ linguri de coriandru macinat
- 2 lingurite de turmeric
- 125 ml (4 oz/½ cană) suc de roșii
- 2 linguri piure de tamarind
- 2 ardei iute roșii, tăiați mărunt
- 125 ml (4 oz/½ cană) cremă de nucă de cocos
- 1 mână de frunze de coriandru, tocate

Directii:

a) Tăiați vinetele în cuburi de 2 cm (¾ in). Se presară cu ½ linguriță de sare și se lasă deoparte 1 oră. Scurgeți și clătiți.

b) Tăiați roșiile cubulețe grosiere. Încinge uleiul într-o cratiță cu bază grea la foc mediu. Adăugați schinduful și semințele de fenicul. Când încep să trosnească, adăugați usturoiul, ceapa și frunzele de curry și gătiți timp de 3-5 minute sau până când ceapa este transparentă.

c) Adăugați vinetele și amestecați timp de 6 minute, sau până când începe să se înmoaie. Adăugați condimentele măcinate, roșiile, sucul de roșii, tamarindul și ardeiul iute proaspăt feliat.

d) Aduceți la fierbere, apoi reduceți la fiert, acoperiți și continuați să gătiți timp de aproximativ 35 de minute, sau până când vinetele sunt foarte moi. Se amestecă crema de cocos și coriandru și se condimentează după gust.

9. Curry de dovleac și spanac

Face 6 portii

Ingrediente:

- 3 nuci de lumânare
- 1 lingura alune crude
- 3 şalote asiatice roşii, tocate
- 2 catei de usturoi
- 2-3 linguriţe sambal oelek
- 1 lingurita turmeric macinat
- 1 lingurita galangal ras
- 2 linguri ulei
- 1 ceapa, tocata marunt
- 600 g (1 lb 5 oz) dovleac (dovleac), tăiat în cuburi de 2 cm ($\frac{3}{4}$ in)
- 125 ml (4 oz/$\frac{1}{2}$ cană) bulion de legume
- 350 g (12 oz) spanac englezesc, tocat grosier
- 400 ml (14 oz) cremă de nucă de cocos
- 1 lingurita zahar

Directii:

a) Puneți toate ingredientele din pasta de curry într-un robot de bucătărie sau într-un mojar cu un pistil și procesați sau bateți până la o pastă netedă.

b) Se încălzește uleiul într-o cratiță mare, se adaugă pasta de curry și se gătește, amestecând, la foc mic, timp de 3-5 minute, sau până când este parfumată. Adăugați ceapa și gătiți încă 5 minute sau până se înmoaie.

c) Adăugați dovleacul și jumătate din supa de legume și gătiți, acoperit, timp de 10 minute sau până când dovleacul este aproape fiert. Adăugați mai mult stoc, dacă este necesar.

d) Adauga spanacul, crema de cocos si zaharul si asezoneaza cu sare. Se aduce la fierbere, amestecând constant, apoi se reduce focul și se fierbe timp de 3-5 minute, sau până când spanacul este fiert și sosul s-a îngroșat puțin. Serviți imediat.

CURRY PESTE & FRUCTE DE MARE

10. Curry de creveți de nucă de cocos

Face 3 portii

Ingrediente:

- 2/3 cana lapte de cocos, usor
- 1 și 1/2 linguriță de pudră de curry
- 1 lingura de sos de peste, imbuteliat
- 1 lingurita de zahar, maro
- 1/4 linguriță de sare, mare
- 1/4 linguriță de piper, negru
- 1 lb. de creveți decojiți, devenați, mari, nefierți
- 1 ardei dulce rosu mediu tocat marunt
- 2 cepe verde tocate
- 1/4 cană de coriandru proaspăt, tocat

Pentru servire:

- Orez Jasmine fiert, încălzit, după dorință
- felii de lime, după dorință

Directii:

a) Combinați primele 6 ingrediente într-un bol de dimensiuni mici. Prăjiți creveții într-o tigaie în 2 linguri din amestecul de lapte de cocos pe care tocmai l-ați făcut, până când creveții au devenit roz. Scoate-le si tine-le la cald.

b) Adăugați restul de amestec de lapte de cocos și sos de pește, împreună cu ardei roșu și ceapă în tigaie. Se aduce la fiert. Amestecați în timp ce gătiți până când legumele sunt fragede-crocante, 3 până la 4 minute. Adăugați creveții, apoi coriandru. Se încălzește complet. Serviți peste orez și cu felii de lime, după dorință.

11. Halibut - Curry de legume

Face 4 portii

Ingrediente:

Pentru baza de curry:

- 2 linguri de ulei, măsline
- 1 cană de morcovi, tocați
- 1 cană de țelină, tocată
- 1 cană de ceapă, tocată
- 1/4 cană de ghimbir tocat, decojit
- 4 catei mari de usturoi tocati
- 3 linguri de pasta de curry, galben thailandez
- 4 căni de morcovi cu suc
- 1 cană de lapte de cocos conservat, neîndulcit
- 3 căni de legume amestecate cuburi de 1 inch, cum ar fi dovleceii, ardeiul gras
- Sare de mare, după dorință
- Piper măcinat, după dorință

Pentru halibut:

- 1/2 cană de aschii de migdale
- 4 x 4 oz. File de halibut din Pacific, fără piele
- Sare de mare, după dorință
- 1 albus de ou, mare
- 2 linguri de ulei, măsline
- Frunze de busuioc, proaspete, după dorință

Directii:

a) Pentru a pregăti baza de curry, încălziți uleiul pe oală la foc mediu-mic . Adăugați usturoiul, ghimbirul, ceapa, morcovii și țelina. Amestecați ocazional în timp ce gătiți timp de 10 până la 15 minute, până când legumele se înmoaie și sunt parfumate.

b) Ridicați nivelul de căldură la mediu-mare . Adăugați pasta de curry. Amestecați în timp ce gătiți timp de 2 până la 3 minute, până când pasta începe să se caramelizeze. Adăugați sucul de morcovi și creșteți nivelul de căldură la mare. Apoi aduceți amestecul la fiert. Reduceți nivelul de căldură la mediu-scăzut . Se fierbe timp de 15 până la 20 de minute, până când sucul scade la jumătate.

c) Se strecoară curry prin sită într-un bol mare. Aruncați solidele din sită. Reveniți amestecul în aceeași oală medie. Adăugați laptele de cocos și amestecul de legume. Amestecați ocazional în timp ce gătiți la temperatură medie-mare timp de 8 până la 10 minute, până când legumele devin fragede. Asezonați după dorință.

d) Pentru a pregăti halibut, preîncălziți cuptorul la 350F. Se macină migdalele în robotul de bucătărie, fără să se măcina în pastă. Transferați într-un castron larg, puțin adânc. Condimentați fiecare parte a fileurilor cu sare de mare. Bateți albușul într-un castron separat, puțin adânc, până când abia devine spumos. Înmuiați blatul fileurilor în albuș înainte de a le scufunda în migdale. Apăsați astfel încât migdalele să adere bine. Transferați-le pe o farfurie cu crusta în sus.

e) Încinge uleiul într-o tigaie sigură pentru cuptor, la foc mediu-mare . Puneți peștele în tigaie cu crusta în jos. Gatiti 3-4 minute, pana cand nucile devin maro auriu. Întoarceți fileurile. Transferați tigaia la cuptorul la 350F. Coaceți timp de 4 până la 5 minute, până când peștele este abia opac la mijloc.

f) Împărțiți baza de curry în boluri individuale. Se adaugă fileurile și se ornează cu busuioc și se servește.

12. Curry de midii

Face 4 portii

Ingrediente:

- 2 linguri de ulei, vegetal
- 3 felii, apoi clătiți și scurși de praz mare – doar părți de culoare verde deschis și alb
- Sare kosher, după dorință
- Piper măcinat, după dorință
- 2 catei de usturoi feliati
- 1/2 linguriță de pudră de curry, madras
- 2 și 1/2 lb. de midii – scoateți bărbile
- 1/2 cană de lapte de cocos conservat, neîndulcit
- Pentru a servi: 2 linguri de frunze de coriandru

Directii:

a) Se încălzește uleiul într-o oală mare, mare, la foc mediu-mare . Adăugați prazul și asezonați după cum doriți. Amestecați des în timp ce gătiți timp de 8 până la 10 minute, până se înmoaie. Adăugați pudră de curry și usturoi. Amestecați în timp ce gătiți timp de 1-2 minute, până se parfumează.

b) Adăugați lapte de cocos, 1 și 1/2 cană de apă și scoici. Aduceți la fiert și reduceți nivelul de căldură la minim. Acoperiți oala.

c) Gatiti 5-7 minute, pana cand scoicile sunt deschise. Aruncați midiile nedeschise. Acoperiți cu coriandru și serviți.

13. Lemongrass și curry de creveți

Face 4 portii

Ingrediente:

- 1 eșalotă mare, tocată grosier
- 5 căței de usturoi zdrobiți
- 2 tulpini de lemongrass - feliați subțiri părți verde pal și bulbi 1" bucată de ghimbir decojit și tocat
- 1 ardei jalapeño fără sămânță, tocat
- 1 lingurita de coriandru, macinat
- 1/2 linguriță de chimen, măcinat
- 1/2 cană de frunze de coriandru și tulpini fragede + plus pentru servire
- 2 linguri de ulei, vegetal
- 2 linguri de miso, alb
- 2 lingurite de zahar, maro deschis
- 1 x 13 & 1/2 oz. cutie de lapte de cocos, neindulcit
- Sare kosher și piper măcinat, după dorință
- 1 lb. de creveți mari decojiți și devenați

- 2 linguri de suc de lamaie, proaspăt
- Pentru a servi: orez fierbinte și lime tăiate în pană

Directii:

a) Procesați usturoiul, eșaota, ghimbirul, iarba de lămâie, chimenul, coriandru, jalapeño, 1 lingură de ulei și 1/2 cană de coriandru în robotul de bucătărie până obțineți o pastă netedă.

b) Încinge ultima 1 lingură de ulei într-o tigaie la foc mediu-mare . Amestecați pasta în mod constant în timp ce gătiți timp de 5-7 minute, până când este parfumată.

c) Se amestecă zahăr și miso. Se amestecă 1/2 cană de apă și lapte de cocos. Aduceți la fiert. Asezonați după dorință. Reduceți nivelul de căldură și amestecați ocazional curry-ul în timp ce fierbeți până când aromele se înmoaie și se îmbină, timp de 20 până la 25 de minute.

d) Adăugați creveții în curry. Se fierbe timp de 3-4 minute, până abia gătește. Scoateți tigaia de pe foc. Se amestecă suc de lămâie în curry.

e) Împărțiți orezul în boluri individuale și puneți curry peste el. Acoperiți cu coriandru. Serviți împreună cu felii de lămâie proaspătă

14. Curry de pește roșu

Face 4 portii

Ingrediente:

- 1 eșalotă, mare
- 6 catei de usturoi
- 1 bucată de ghimbir decojită și tăiată felii de 2 inchi
- 2 linguri de ulei, vegetal
- 2 linguri de pasta de curry, rosu
- 2 lingurițe de turmeric, măcinat
- 1 și 1/2 cană de roșii întregi, conservate, decojite + 15 uncii de suc
- 1 x 13 & 1/2 oz. cutie de lapte de cocos, neindulcit
- Sare kosher, după dorință
- 1 kg de legume amestecate tăiate de 1 inch, cum ar fi morcovi, conopidă
- 1 lb. bucăți tăiate de 2" cod sau halibut – îndepărtați pielea
- Pentru a servi: tăiței de orez, fierte, felii de lime și frunze de coriandru, după dorință

Directii:

a) Pulsați mărunt eșapa, ghimbirul și usturoiul în robotul de bucătărie. Încinge uleiul într-o tigaie mare la foc mediu . Adăugați amestecul de eșalotă în tigaie. Amestecați des în timp ce gătiți timp de 4-5 minute, până când devine maro auriu.

b) Adăugați turmeric și pasta de curry. Amestecați în timp ce gătiți timp de 3-4 minute până când amestecul începe să se lipească de tigaie și să se întunece la culoare. Rupeți roșiile și adăugați-le și sucul lor. Amestecați des în timp ce gătiți și răzuiți bucățile rumenite timp de 4-5 minute, până când roșiile încep să se descompună și să se lipească de oală.

c) Se amestecă laptele de cocos. Asezonați după dorință. Amestecați ocazional în timp ce fierbeți timp de 8 până la 10 minute, până când aromele se topesc și amestecul se îngroașă ușor. Adăugați legumele.

d) Se toarnă apă suficientă pentru a acoperi legumele. Aduceți la fiert. Amestecați ocazional în timp ce gătiți timp de 8 până la 10 minute, până când legumele devin crocante și fragede.

e) Asezonați peștele după cum doriți. Cuibăriți-l în curry. Reveniți curry la fiert. Gatiti timp de 5-6 minute, pana cand pestele s-a fiert complet.

Turnați curry peste tăiței. Acoperiți cu un strop de lime proaspătă și coriandru. Servi.

15. Pește și curry de arahide

Face 6 portii

Ingrediente:

- 50 g (1¾ oz/1/3 cană) semințe de susan
- 1 lingurita piper cayenne
- ¼ linguriță de turmeric măcinat
- 1 lingura nuca de cocos deshidratata
- 2 lingurite coriandru macinat
- 1 lingurita chimen macinat
- 40 g (1½ oz/½ cană) ceapă prăjită crocantă
- 5 cm (2 in) ghimbir, tocat
- 2 catei de usturoi, tocati
- 3 linguri piure de tamarind
- 1 lingura unt de arahide crocant
- 1 lingură alune prăjite
- 8 frunze de curry, plus extra pentru servire
- 1 kg (2 lb 4 oz) file de pește alb ferm, tăiate în cuburi de 2 cm (¾ in) fără piele
- 1 lingura suc de lamaie

Directii:

a) Puneți semințele de susan într-o tigaie cu bază grea la foc mediu și amestecați până devin aurii. Adauga ardeiul cayenne, turmericul, nuca de cocos, coriandru macinat si chimen macinat si amesteca inca un minut sau pana devine aromat. Se da deoparte la racit.

b) Puneți ceapa prăjită, ghimbirul, usturoiul, tamarindul, 1 linguriță de sare, untul de arahide, alunele prăjite, amestecul de condimente de susan și 500 ml (17 oz/2 căni) de apă fierbinte într-un robot de bucătărie și procesați până când amestecul ajunge la o consistență netedă, groasă. .

c) Puneți sosul și frunzele de curry într-o tigaie cu bază grea la foc mediu și aduceți la fiert. Acoperiți și fierbeți la foc mic timp de 15 minute, apoi adăugați peștele într-un singur strat.

d) Se fierbe, acoperit, încă 5 minute sau până când peștele este gătit. Se amestecă ușor prin sucul de lămâie și se condimentează bine dupa gust. Se ornează cu frunze de curry și se servește.

16. Scoici și creveți chu chee

Face 4 portii

Ingrediente:

- 10 ardei iute roşu lung, uscat
- 1 lingurita seminte de coriandru
- 1 lingura pasta de creveti
- 1 lingura boabe de piper alb
- 10 frunze de tei kaffir, mărunţite fin
- 10 şalote asiatice roşii, tocate
- 2 lingurite coaja de lime kaffir rasa fin
- 1 lingura tulpina si radacina de coriandru tocate, tocate
- 1 tulpină de lemongrass, doar partea albă, tocată mărunt
- 3 linguri galangal tocat
- 6 catei de usturoi, macinati
- 540 ml (18½ oz) crema de nuca de cocos conservata
- 500 g (1 lb 2 oz) scoici fără icre îndepărtate

- 500 g (1 lb 2 oz) creveți cruzi (creveți), curățați, devenați, cozile intacte

- 2-3 linguri sos de peste

- 2-3 linguri zahăr de palmier (jaggery)

- 8 frunze de tei kaffir, mărunțite mărunt

- 2 ardei iute roșii, tăiați subțiri

- 1 mână mare busuioc thailandez

Directii:

a) Înmuiați ardeii iute în apă clocotită timp de 5 minute sau până când se înmoaie. Scoateți tulpina și semințele, apoi tăiați. Prăjiți semințele de coriandru, pasta de creveți învelite în folie și boabele de piper într-o tigaie, la foc mediu-înalt, timp de 2-3 minute, sau până când sunt parfumate.

b) Se lasa sa se raceasca. Folosind un mojar cu un pistil sau o râșniță de condimente, zdrobiți sau măcinați coriandru și boabele de piper până la o pulbere.

c) Puneți ardeii iute, pasta de creveți și coriandru și piper măcinați cu ingredientele rămase pentru pasta de curry într-un robot de bucătărie sau într-un mojar cu un pistil și procesați sau pisați până la o pastă netedă.

d) Puneți crema groasă de nucă de cocos din partea de sus a formelor într-o cratiță, aduceți la fiert rapid la foc mediu, amestecând ocazional și gătiți timp de 5-10 minute sau până când amestecul „se desparte" (uleiul începe să se separe).

e) Se adaugă 3 linguri de pastă de curry, se reduce focul și se fierbe timp de 10 minute sau până când este parfumat.

f) Amestecați crema de cocos rămasă, scoici și creveți și gătiți timp de 5 minute sau până când se înmoaie. Adăugați sosul de pește, zahărul de palmier, frunzele de lime kaffir și chilli și gătiți timp de 1 minut. Se amestecă jumătate de busuioc thailandez și se ornează cu frunzele rămase.

17. Creveți picante

Face 4 portii

Ingrediente:

- 1 kg (2 lb 4 oz) creveți cruzi, curățați, devenați, cozile intacte
- 1 lingurita turmeric macinat
- 3 linguri ulei
- 2 cepe, tocate mărunt
- 4-6 căței de usturoi, zdrobiți
- 1-2 ardei iute verzi, fără semințe, tocați
- 2 lingurite chimen macinat
- 2 lingurite coriandru macinat
- 1 lingurita boia
- 90 g (3½ oz/1/3 cană) iaurt simplu
- 80 ml (2½ oz/1/3 cană) smântână îngroșată (pentru frișcă).
- 1 mână mare de frunze de coriandru, tocate

Directii:

a) Aduceți 1 litru (35 oz/4 căni) de apă la fiert într-o cratiță. Adăugați cojile și capetele de creveți rezervate, reduceți focul și fierbeți timp de 2 minute.

b) Îndepărtați orice gunoi care se formează la suprafață în timpul gătirii. Strecurați, aruncați cojile și capetele și întoarceți lichidul în tigaie. Veți avea nevoie de aproximativ 750 ml (26 oz/3 căni) lichid (completați cu apă dacă este necesar).

c) Adăugați turmericul și creveții decojiți și gătiți timp de 1 minut sau până când creveții devin roz, apoi scoateți creveții. Rezervați stocul.

d) Încinge uleiul într-o cratiță mare. Adăugați ceapa și gătiți la foc mediu, amestecând, timp de 8 minute sau până când devine ușor auriu. Adăugați usturoiul și ardeiul iute și gătiți timp de 1-2 minute, apoi adăugați chimenul, coriandru și boia de ardei și gătiți, amestecând, timp de 1-2 minute sau până când este parfumat.

e) Adăugați treptat bulionul rezervat, aduceți la fiert și gătiți, amestecând ocazional, timp de 30-35 de minute sau până când amestecul scade la jumătate și ingrosat.

f) Se ia de pe foc si se amesteca iaurtul. Adăugați creveții și amestecați la foc mic timp de 2-3 minute sau până când creveții sunt încălziți. Nu fierbe.

g) Se amestecă smântâna și frunzele de coriandru. Acoperiți și lăsați să stea 15 minute pentru a permite aromelor să se infuzeze. Se reincalzeste usor si se serveste.

18. Peşte în curry de iaurt

Face 4 portii

Ingrediente:

- 1 kg (2 lb 4 oz) file de pește alb ferm, fără piele
- 3 linguri ulei
- 1 ceapa, tocata
- 2 linguri de ghimbir tocat fin
- 6 catei de usturoi, macinati
- 1 lingurita chimen macinat
- 2 lingurite coriandru macinat
- 1 lingurita turmeric macinat
- 1 lingurita garam masala
- 185 g (6½ oz/¾ cană) iaurt în stil grecesc
- 4 ardei iute verzi lungi, fără semințe, frunze de coriandru tocate mărunt, de servit

Directii:

a) Tăiați fiecare file de pește în patru bucăți și uscați-le bine. Se încălzește uleiul într-o tigaie tare la foc mic și se prăjește ceapa până se înmoaie și se rumenește ușor.

b) Adăugați ghimbirul, usturoiul și condimentele și amestecați timp de 2 minute. Adăugați iaurtul și ardeiul verde și aduceți la fierbere, apoi acoperiți și fierbeți timp de 10 minute.

c) Introduceți bucățile de pește și continuați să fierbeți timp de 10-12 minute sau până când peștele se fulge ușor și este gătit. Nu gătiți prea mult sau peștele va elibera lichid și sosul se va despica.

d) Se ornează cu frunze de coriandru și se servește imediat. Dacă lăsați vasul să stea, peștele poate degaja lichid și poate face sosul mai curgător.

19. Creveți curry de junglă

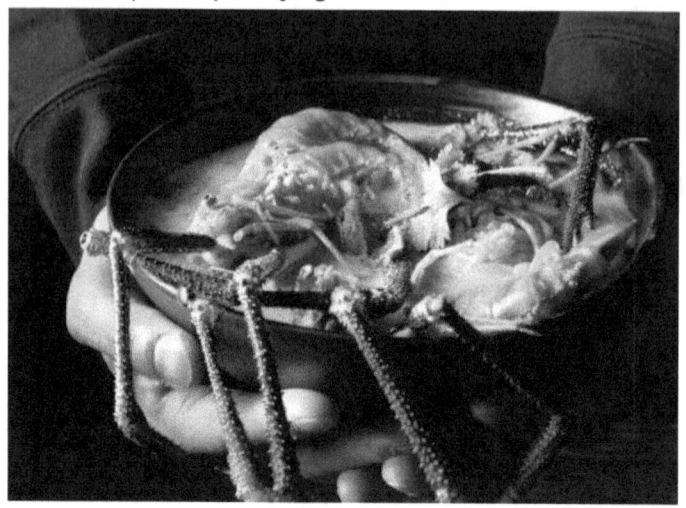

Face 6 portii

Ingrediente:

- 10-12 ardei iute roșu uscat
- 1 lingurita piper alb
- 4 șalote asiatice roșii
- 4 catei de usturoi
- 1 tulpină de lemongrass, doar partea albă, tocată
- 1 lingura galangal tocat marunt
- 2 rădăcini de coriandru
- 1 lingura de ghimbir tocat marunt
- 1 lingură pastă de creveți prăjiți uscat
- 1 lingura ulei de arahide
- 1 cățel de usturoi, zdrobit
- 1 lingura sos de peste
- 30 g (1 oz/¼ cană) nuci lumânări măcinate
- 300 ml (10½ oz) bulion de pește
- 1 lingura de whisky
- 3 frunze de tei kaffir, rupte

- 600 g (1 lb 5 oz) creveți cruzi (creveți), curățați și devenați, cozile intacte

- 1 morcov mic, tăiat în sferturi pe lungime, feliat subțire pe diagonală

- 150 g (5½ oz) de fasole de șarpe (lungimea unei metri), tăiate în lungimi de 2 cm (¾ inchi)

- 50 g (1¾ oz/¼ cană) lăstari de bambus

- Busuioc thailandez, de servit

Directii:

a) Înmuiați ardeii iute în apă clocotită timp de 5 minute sau până când se înmoaie. Scoateți tulpina și semințele, apoi tăiați. Puneți ardeii iute și ingredientele rămase din pasta de curry într-un robot de bucătărie sau într-un mojar cu un pistil și procesați sau bateți până la o pastă netedă. Adăugați puțină apă dacă este prea groasă.

b) Se încălzește un wok la foc mediu, se adaugă uleiul și se amestecă pentru a se acoperi. Adăugați usturoiul și 3 linguri de pastă de curry și gătiți, amestecând, timp de 5 minute. Adăugați sosul de pește, nucile măcinate, supa de pește, whisky-ul, frunzele de lime kaffir, creveții, morcovul, fasolea și lăstarii de bambus.

c) Se aduce la fierbere, apoi se reduce focul și se fierbe timp de 5 minute, sau până când creveții și legumele sunt fierte. Acoperiți cu busuioc thailandez și serviți.

20. Calamar la curry

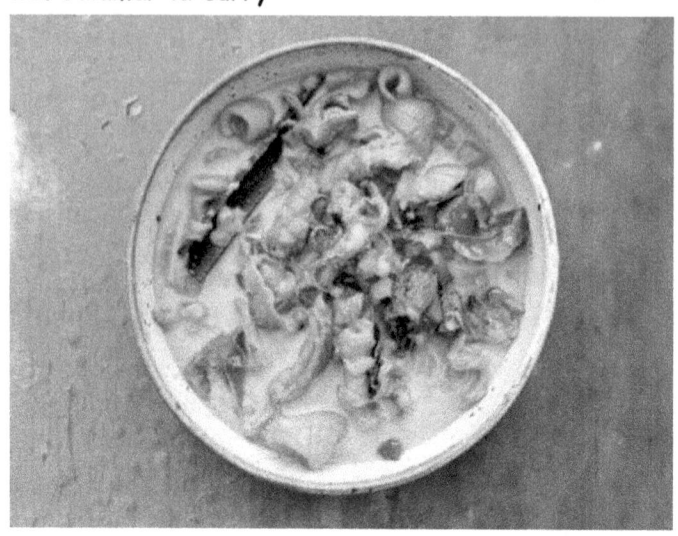

Face 4 portii

Ingrediente:

- 1 kg (2 lb 4 oz) calmar
- 1 lingurita de seminte de chimen
- 1 lingurita seminte de coriandru
- 1 lingurita praf de chilli
- 1 lingurita turmeric macinat
- 2 linguri ulei
- 1 ceapa, tocata marunt
- 10 frunze de curry, plus extra pentru ornat
- 1 lingurita de seminte de schinduf
- 4 catei de usturoi, macinati
- 7 cm (2¾ in) bucată de ghimbir, ras
- 100 ml (3½ oz) cremă de nucă de cocos
- 3 linguri suc de lamaie

Directii:

a) Scoateți capetele și tentaculele de calmar din corpul lor, împreună cu orice interior, și aruncați-le. Scoateți pielea. Clătiți bine corpurile, trăgând penele transparente, apoi tăiați corpurile în inele de 2,5 cm (1 inch).

b) Prăjiți semințele de chimen și coriandru într-o tigaie la foc mediu-înalt timp de 2-3 minute sau până când sunt parfumate. Se lasa sa se raceasca. Folosind un mojar cu un pistil sau o râșniță de condimente, zdrobiți sau măcinați până la o pulbere. Se amestecă chimenul măcinat și coriandru cu praful de chilli și turmericul măcinat. Adăugați calamarul și amestecați bine.

c) Într-o tigaie cu bază groasă, încălziți uleiul și prăjiți ceapa până se rumenește ușor. Adăugați frunzele de curry, schinduful, usturoiul, ghimbirul și crema de cocos.

d) Aduceți încet la fierbere. Adăugați calamarul, apoi amestecați bine. Fierbeți timp de 2-3 minute sau până când sunt fierte și fragede. Se amestecă sucul de lămâie, se condimentează și se servește ornat cu frunze de curry.

21. curry balinez cu fructe de mare

Face 6 portii

Ingrediente:

- 1 lingura seminte de coriandru
- 1 lingurita pasta de creveti
- rosii
- 5 ardei iute roșu
- 5 catei de usturoi, macinati
- tulpini de lemongrass, doar partea albă, tocate
- 1 lingura migdale macinate
- ¼ lingurita de nucsoara macinata
- 1 lingurita turmeric macinat
- 60 g (2¼ oz/¼ cană) piure de tamarind
- 3 linguri suc de lamaie
- 250 g (9 oz) file de pește alb ferm, fără piele, tăiate în cuburi de 3 cm (1¼ in)
- 3 linguri ulei
- ceapa rosie, tocata
- ardei iute roșu, fără seminţe, feliate

- 400 g (14 oz), creveți cruzi (creveți) curățați și devenați, cozile intacte

- Tuburi de 250 g (9 oz) de calmar, tăiate în inele de 1 cm (½ in).

- 125 ml (4 oz/½ cană) supă de pește

- busuioc thailandez tocat, de servit

Directii:

a) Prăjiți semințele de coriandru și pasta de creveți învelite în niște folie într-o tigaie, la foc mediu-înalt, timp de 2-3 minute, sau până când sunt parfumate. Se lasa sa se raceasca. Folosind un mojar cu un pistil sau o râșniță de condimente, zdrobiți sau măcinați semințele de coriandru până la o pulbere.

b) Puneti o cruce in baza rosiilor, puneti-le intr-un vas termorezistent si acoperiti cu apa clocotita. Se lasă să stea 30 de secunde, apoi se transferă în apă rece și decojește pielea de pe cruce.

c) Tăiați roșiile în jumătate și scoateți semințele. Aruncați semințele și tăiați grosier pulpa roșiilor.

d) Puneți semințele de coriandru zdrobite, pasta de creveți și roșiile cu ingredientele rămase pentru pasta de curry într-un robot de bucătărie sau

într-un mojar cu un pistil și procesați sau pisați până la o pastă netedă.

e) Pune sucul de lămâie într-un bol și asezonează cu sare și piper negru proaspăt măcinat. Adăugați peștele, amestecați pentru a se acoperi bine și lăsați la marinat 20 de minute.

f) Încinge uleiul într-o cratiță sau wok, adaugă ceapa, chilli roșu feliat și pasta de curry și gătește, amestecând ocazional, la foc mic, timp de 10 minute, sau pana se parfumează. Adăugați peștele și creveții și amestecați pentru a acoperi amestecul de pastă de curry.

g) Gatiti timp de 3 minute sau pana cand crevetii devin roz, apoi adaugati calmarul si gatiti 1 minut.

h) Adăugați bulionul și aduceți la fierbere, apoi reduceți focul și fierbeți timp de 2 minute, sau până când fructele de mare sunt fierte și fragede. Asezonați după gust cu sare și piper negru proaspăt măcinat.

i) Acoperiți cu frunzele de busuioc mărunțite.

22. curry de pește Goan

Face 6 portii

Ingrediente:

- 3 linguri ulei
- 1 ceapa mare, tocata marunt
- 4-5 căței de usturoi, zdrobiți
- 2 lingurite de ghimbir ras
- 4-6 ardei iute roșu uscat
- 1 lingura seminte de coriandru
- 2 lingurițe de semințe de chimen
- 1 lingurita turmeric macinat
- ¼ linguriță de pudră de chilli
- 30 g (1 oz/1/3 cană) nucă de cocos deshidratată
- 270 ml (9½ oz) lapte de cocos
- 2 rosii, curatate si tocate
- 2 linguri piure de tamarind
- 1 lingura otet alb
- 6 frunze de curry

- 1 kg (2 lb 4 oz) file de pește alb ferm, fără piele, tăiate în bucăți de 8 cm (3¼ in)

Directii:

a) Încinge uleiul într-o cratiță mare. Adăugați ceapa și gătiți, amestecând, la foc mic timp de 10 minute, sau până când se înmoaie și devine ușor auriu. Adăugați usturoiul și ghimbirul și gătiți încă 2 minute.

b) Prăjiți ardeiul uscat, semințele de coriandru, semințele de chimen, turmericul măcinat, pudra de ardei iute și nuca de cocos deshidratată într-o tigaie la foc mediu-înalt timp de 2-3 minute sau până când se parfumează. Se lasa sa se raceasca. Folosind un mojar cu un pistil sau o râșniță de condimente, zdrobiți sau măcinați până la o pulbere.

c) Adăugați amestecul de condimente, laptele de cocos, roșiile, tamarindul, oțetul și frunzele de curry la amestecul de ceapă.

d) Se amestecă pentru a se amesteca bine, se adaugă 250 ml (9 oz/1 cană) de apă și se fierbe, amestecând frecvent, timp de 10 minute, sau până când roșia s-a înmuiat și amestecul s-a îngroșat ușor.

e) Adăugați peștele și gătiți, acoperit, la foc mic timp de 10 minute sau până când este fiert.

f) Amestecați ușor o dată sau de două ori în timpul gătitului și adăugați puțină apă dacă amestecul este prea gros.

23. curry de pește tamarind

Face 4 portii

Ingrediente:

- 600 g (1 lb 5 oz) file de pește alb ferm, fără piele
- 1 lingurita turmeric
- praf de șofran
- 3 catei de usturoi, macinati
- 2 lingurite suc de lamaie
- 1 lingurita de seminte de chimen
- 2 linguri seminte de coriandru
- 1 lingurita boabe de piper alb
- 4 păstăi de cardamom, învinețite
- 2½ linguri de ghimbir tocat fin
- 2 ardei iute roșii, tăiați mărunt
- 2 linguri ulei
- 1 ceapa, tocata
- 1 ardei capia roșu, tăiat în pătrate de 2 cm (¾ in).
- 1 ardei capia verde, tăiat în pătrate de 2 cm (¾ in).

- 4 roșii Roma (prune), tăiate cubulețe
- 2 linguri piure de tamarind
- 185 g (6½ oz/¾ cană) iaurt simplu
- 2 linguri coriandru tocat

Directii:

a) Clătiți fileurile de pește și uscați. Înțepați fileurile cu o furculiță. Combinați turmericul, șofranul, usturoiul, sucul de lămâie și 1 linguriță de sare apoi frecați peste fileurile de pește. Se da la frigider 2-3 ore.

b) Uscat - prăjiți semințele de chimen, semințele de coriandru, boabele de piper și cardamomul într-o tigaie la foc mediu-înalt timp de 2-3 minute sau până când sunt parfumate. Se lasa sa se raceasca.

c) Folosind un mojar cu un pistil sau o râșniță de condimente, zdrobiți sau măcinați până la o pulbere și combinați cu ghimbir și ardei iute.

d) Se încălzește uleiul într-o cratiță cu bază grea la foc mediu și se adaugă ceapa tocată, ardeiul roșu și verde și amestecul de condimente măcinat.

e) Gatiti usor timp de 10 minute, sau pana cand este aromat si ceapa este transparenta. Creșteți căldura la mare, adăugați roșiile tăiate cubulețe, 250 ml (9 oz/1 cană) de apă și piureul de tamarind. Se aduce la fierbere, apoi se reduce la foc mic și se fierbe timp de 20 de minute.

f) Clătiți pasta de pește și tăiați-o în bucăți de 3 cm (1¼ inchi). Se adaugă în tigaie și se fierbe în continuare timp de 10 minute.

g) Se adauga iaurtul si coriandru tocat si servim.

24. Creveți acri și curry de dovleac

Face 4 portii

Ingrediente:

- 250 g (9 oz) dovleac
- 1 castravete libanez (scurt).
- 400 ml (14 oz/1 2/3 căni) cremă de nucă de cocos
- 1½ linguriță pastă de curry roșu gata preparată
- 3 linguri sos de peste
- 2 linguri zahăr de palmier ras
- 400 g (14 oz) ciuperci pai conservate, scurse
- 500 g (1 lb 2 oz) creveți cruzi (creveți), curățați, devenați, cozile intacte
- 2 linguri piure de tamarind
- 2 ardei iute roșii, tocați
- 1 lingura suc de lamaie
- 4 frunze de tei kaffir
- 4 rădăcini de coriandru, tocate
- 1 mână mică de muguri de fasole, pentru a servi
- 1 mână mică frunze de coriandru, pentru a servi

Directii:

a) Curățați dovleacul și tăiați-l în cuburi de 2 cm (¾ in). Curățați și tăiați castraveții în jumătate pe lungime, apoi răzuiți semințele cu o linguriță și tăiați-le subțiri.

b) Puneți crema groasă de nucă de cocos din partea de sus a formei într-o cratiță, lăsați să fiarbă rapid la foc mediu, amestecând ocazional și gătiți timp de 5-10 minute sau până când amestecul se „desparte" (uleiul începe să se separe). Adăugați pasta și amestecați timp de 2-3 minute sau până când este parfumată.

c) Adăugați sosul de pește și zahărul de palmier și amestecați până se dizolvă.

d) Adăugați crema de cocos rămasă, dovleacul și 3 linguri de apă, acoperiți și aduceți la fiert. Reduceți la fiert și gătiți timp de 10 minute sau până când dovleacul începe să devină fraged.

e) Adăugați ciupercile paie, creveții, castraveții, tamarindul, ardeiul iute, sucul de lămâie, frunzele de lime kaffir și rădăcinile de coriandru.

f) Acoperiți, creșteți focul și aduceți din nou la fiert înainte de a reduce la foc mic și de a găti timp de 3-5 minute sau până când creveții sunt gătiți.

g) Se ornează cu muguri de fasole și frunze de coriandru.

25. Koftas de pește în sos de curry

Face 6 portii

Ingrediente:

Koftas

- 750 g (1 lb 10 oz) file de pește alb ferm, aproximativ fără piele,
- 1 ceapa, tocata
- 2-3 căței de usturoi, zdrobiți
- 1 lingura de ghimbir ras
- 4 linguri coriandru tocat
- 1 lingurita garam masala
- lingurita de praf de chilli
- 1 ou, ulei batut usor, pentru prajit

Sos curry de roșii

- 2 linguri ulei
- 1 ceapa mare, tocata marunt
- 3-4 căței de usturoi, zdrobiți
- 1 lingura de ghimbir ras
- 1 lingurita turmeric macinat

- 1 lingurita chimen macinat
- 1 lingurita coriandru macinat
- 1 lingurita garam masala
- ¼ linguriță de pudră de chilli
- 800 g (1 lb 12 oz) roșii zdrobite la conserva
- 3 linguri coriandru tocat

Directii:

a) Puneți peștele într-un robot de bucătărie sau într-un mojar cu un pistil și procesați sau bateți până la o pastă netedă. Adăugați ceapa, usturoiul, ghimbirul, frunzele de coriandru, garam masala, pudra de ardei iute și oul și procesați sau bateți până se combină bine.

b) Folosind mâinile umede, formați 1 lingură din amestec într-o minge. Repetați cu amestecul rămas.

c) Pentru a face sosul de curry de roșii, încălziți uleiul într-o cratiță mare, adăugați ceapa, usturoiul și ghimbirul și gătiți, amestecând des, la foc mediu timp de 8 minute sau până devin ușor aurii.

d) Adăugați condimentele și gătiți, amestecând, timp de 2 minute sau până când sunt aromate. Adăugați roșia și 250 ml (9 oz/1 cană) apă, apoi reduceți focul și fierbeți, amestecând des, timp de 15 minute sau până când se reduce și se îngroașă.

e) Între timp, încălziți uleiul într-o tigaie mare până la adâncimea de 2 cm ($\frac{3}{4}$ in). Adăugați koftas de pește în 3 sau 4 reprize și gătiți timp de 3 minute sau până se rumenesc peste tot. Scurgeți pe un prosop de hârtie.

f) Adăugați koftas în sos și fierbeți la foc mic timp de 5 minute sau până când se încălzesc.

g) Incorporati usor coriandru, asezonati cu sare si serviti garnisit cu crengute de coriandru.

26. Curry verde cu bile de peste

Face 4 portii

Ingrediente:

- 350 g (12 oz), file de pește alb, fără piele, tăiate grosier în bucăți
- 3 linguri crema de cocos
- 2 linguri pasta de curry verde gata preparata
- 440 ml (15¼ oz/1¾ cani) lapte de cocos
- 175 g (6 oz) vinete de mere thailandeze (vinete), tăiate în sferturi
- 175 g (6 oz) vinete cu mazăre (vinete)
- 2 linguri sos de peste
- 2 linguri zahăr de palmier ras
- 50 g (1¾ oz) galangal feliat fin
- 3 frunze de tei kaffir, rupte în jumătate
- 1 mână de busuioc sfânt de servit
- ½ ardei iute roșu lung, fără semințe, feliat fin, pentru a servi

Directii:

a) Puneți fileurile de pește într-un robot de bucătărie sau într-un mojar cu un pistil și procesați sau tăiați până la o pastă netedă.

b) Puneți crema groasă de nucă de cocos din partea de sus a formei într-o cratiță, aduceți la fiert rapid la foc mediu, amestecând ocazional și gătiți timp de 5-10 minute sau până când amestecul „se desparte" (uleiul începe să se separe).

c) Adăugați pasta de curry și gătiți timp de 5 minute sau până când este parfumat. Adăugați laptele de cocos rămas și amestecați bine.

d) Folosiți o lingură sau mâinile umede pentru a forma pasta de pește în bile mici, de aproximativ 2 cm ($\frac{3}{4}$ inchi) și aruncați-le în laptele de cocos.

e) Adăugați vinetele, sosul de pește și zahărul și gătiți timp de 12-15 minute, amestecând din când în când, sau până când peștele și vinetele sunt fierte.

f) Se amestecă frunzele de galangal și tei kaffir. Gustați, apoi ajustați condimentele dacă este necesar.

g) Se pune într-un castron de servire și se stropește cu lapte de cocos suplimentar, frunze de busuioc și chilli tăiat felii.

27. Creveți cu busuioc thailandez

Face 4 portii

Ingrediente:

- 2 ardei iute roșu lung uscat
- 2 tulpini de lemongrass, doar partea albă, feliate fin
- Galangal de 2,5 cm (1 inch), feliat fin
- 5 catei de usturoi, macinati
- 4 șalote asiatice roșii, tocate mărunt
- 6 rădăcini de coriandru, tăiate mărunt
- 1 lingurita pasta de creveti
- 1 lingurita chimen macinat
- 3 linguri de arahide nesarate tocate
- 600 g (1 lb 5 oz) creveți cruzi (creveți), curățați, devenați, cozile intacte
- 2 linguri ulei
- 185 ml (6 oz/¾ cană) lapte de cocos
- 2 lingurite sos de peste
- 2 lingurițe zahăr de palmier ras (jaggery)
- 1 mână de frunze de busuioc thailandez, de servit

Directii:

a) Înmuiați ardeii iute în apă clocotită timp de 5 minute sau până când se înmoaie. Scoateți semințele și tulpinile și tăiați.

b) Puneți ardeii iute și ingredientele rămase din pasta de curry într-un robot de bucătărie sau într-un mojar cu un pistil și procesați sau bateți până la o pastă netedă.

c) Tăiați fiecare creveți de-a lungul spatelui, astfel încât să se deschidă ca un fluture (lăsați fiecare creveți uniți de-a lungul bazei și la coadă).

d) Încinge uleiul într-o cratiță sau wok și se prăjește 2 linguri de pastă de curry la foc mediu timp de 2 minute sau până se parfumează.

e) Adăugați laptele de cocos, sosul de pește și zahărul de palmier și gătiți câteva secunde. Adaugati crevetii si gatiti cateva minute sau pana cand sunt fierti. Gustați, apoi ajustați condimentele dacă este necesar.

f) Serviți ornat cu busuioc thailandez.

28. curry cremos de creveți

Face 4 portii

Ingrediente:

- 500 g (1 lb 2 oz) creveți tigru, decojiți, devenați, cu cozile intacte
- 1½ lingurita suc de lamaie
- 3 linguri ulei
- 1 ceapa, tocata marunt
- 1 lingurita turmeric macinat
- 1 baton de scortisoara
- 4 cuișoare
- 7 păstăi de cardamom, învinețite
- 5 frunze de dafin indian (cassia).
- 2 cm (¾ in) ghimbir, ras
- 3 catei de usturoi, macinati
- 1 lingurita praf de chilli
- 170 ml (5½ oz/2/3 cană) lapte de cocos

Directii:

a) Puneți creveții într-un bol, adăugați sucul de lămâie, apoi amestecați și lăsați-i 5 minute. Clătiți creveții sub jet de apă rece și uscați cu un prosop de hârtie.

b) Se încălzește uleiul într-o tigaie cu bază groasă și se prăjește ceapa până se rumenește ușor. Adăugați turmericul, scorțișoara, cuișoarele, cardamomul, foile de dafin, ghimbirul și usturoiul și prăjiți timp de 1 minut.

c) Adaugati praful de chilli, laptele de cocos si sare dupa gust si aduceti incet la fiert. Reduceți focul și fierbeți timp de 2 minute.

d) Adăugați creveții, reveniți la fiert, apoi reduceți focul și fierbeți timp de 5 minute, sau până când creveții sunt fierți și sosul este gros.

CUUR DE PĂSĂRE

29. Pui curry dulce-acru

Face 4 portii

Ingrediente:

- 1 lb. de piept de pui fără piele și dezosat cuburi de 1 inch
- 1 x 14 & 1/2 oz. conserva de roșii înăbușite tăiate
- 1 x 1"-cuburi de ardei verde, mare
- 1 ceapă feliată, mare
- 1 și 1/2 linguriță de pudră de curry
- 1/2 cană de chutney, mango
- 2 linguri de amidon de porumb
- 1/4 cană de apă, rece

Directii:

a) Combinați puiul cu roșiile, ceapa, ardeiul verde, pudra de curry și chutney de mango într-un cuptor lent. Acoperi.

b) Gătiți la setare ridicată timp de 3 până la 4 ore, până când nu rămâne roz în carnea de pui.

c) Combinați apa și amidonul de porumb până se omogenizează și amestecați amestecul în aragazul lent. Acoperi. Gatiti la setare mare pana se ingroasa, aproximativ 1/2 ora. Servi.

30. Supă de curry cu tăiței

Face 6 portii

Ingrediente:

- 2 linguri de ulei, vegetal
- 3 linguri de eșalotă, tocată
- 3 catei de usturoi tocati
- 2 linguri de lemongrass, tocată – aruncați frunzele exterioare
- 2 linguri de ghimbir proaspăt, decojit, tocat
- 2 linguri de pasta de curry, galbena
- 2 linguri de pudră de curry
- 1 lingurita de pasta de chili, fierbinte
- 2 x 13 și 1/2 – 14 oz. conserve de lapte de cocos, neindulcit
- 5 căni de supă de pui, cu conținut scăzut de sodiu
- 2 și 1/2 linguri de sos de pește
- 2 lingurite de zahar, granulat
- 3 căni de mazăre de zăpadă tăiată
- 2 căni de cartofi dulci, cuburi de 1/2 inch decojite

- 1 kg de tăiței uscati, vermicelli

- 3/4 lb. de pulpe de pui tăiate subțiri, dezosate, fără piele

- 1/2 cană de ceapă roșie, tăiată subțire

- 1/4 cană de ceapă verde, tăiată subțire

- 1/4 cană de coriandru tocat, proaspăt

- 2 ardei iute roșii, jalapeño

- 1 lime tăiată felii

Directii:

a) Încinge uleiul într-o cratiță mare și grea la foc mediu . Adăugați următoarele patru ingrediente și amestecați timp de aproximativ un minut, până se simte parfumat.

b) Reduceți nivelul de căldură la mediu-scăzut . Se amestecă pasta de chili, pasta de curry și pudra de curry. Adăugați 1/2 cană de lapte de cocos.

c) Amestecați câteva minute până când este aromat și gros. Adăugați restul de lapte de cocos, împreună cu sosul de pește, bulionul și zahărul. Apoi aduceți bulionul la fiert și păstrați-l cald.

d) Fierbeți mazărea de zăpadă într-o oală cu apă clocotită cu sare timp de 1/2 minut, până când devin verde strălucitor. Folosiți sita pentru a scoate mazărea din oală. Se răcește prin clătire sub apă de la robinet. Puneți mazărea într-un bol de mărime medie. Aduceți oala cu apă înapoi la fierbere. Adăugați cartoful dulce. Gatiti sapte minute, pana se inmoaie.

e) Folosiți o strecurătoare pentru a scoate cartofii dulci din oală. Se răcește prin clătire sub apă de la robinet. Puneți într-un castron mic. Aduceți aceeași oală cu apă înapoi la fierbere. Gătiți tăițeii timp de 5-6 minute, până când sunt fermi, dar fragezi. Scurgeți și clătiți în apă rece până se răcește. Transferați tăițeii într-un bol care poate fi utilizat în cuptorul cu microunde.

f) Aduceți bulionul la fiert. Adăugați puiul. Se fierbe timp de 10-12 minute, până când puiul este gătit complet. Adăugați cartofii dulci. Amestecați un minut sau cam așa ceva, încălzind. Încingeți tăițeii într-un cuptor cu microunde la intervale de 30 de secunde pentru a se reîncălzi.

g) Împărțiti tăițeii în boluri individuale. Împărțiti supa încălzită și mazărea de zăpadă în boluri. Presarati supa cu ardei iute, coriandru, ceapa verde si ceapa rosie. Servi.

31. Curry în stil caraibian

Face 8 portii

Ingrediente:

- 1 lingură de pudră de curry
- 1 lingurita de piper, macinat
- 1 lingurita de praf de usturoi
- 8 pulpe de pui, fără piele, fără os
- 1 ceapă medie tăiată felii subțiri
- 1 și 1/2 cană de marinată creole mojo
- 2 linguri de ulei, canola
- 2 linguri de făină, universală

Directii:

a) Combinați pudra de curry cu pudra de usturoi și piper măcinat. Presărați amestecul peste pui și apăsați în jos, ajutându-l să adere la pui.

b) Pune puiul în aragazul lent. Se presara cu ceapa. Se toarnă marinada cu grijă în interiorul aragazului lent, dar evită puiul, astfel încât stratul să rămână intact.

c) Acoperiți aragazul lent. Gătiți la setarea scăzută timp de 4 până la 6 ore. Scoateți puiul și păstrați-l la cald.

d) Turnați sucurile din aragazul lent în ceașcă de măsurare și îndepărtați grăsimea. Încinge uleiul într-o tigaie mare la foc mediu . Bateți făina până se omogenizează. Se amestecă treptat sucurile de gătit.

e) Aduceți amestecul la fiert. Amestecați constant în timp ce gătiți timp de 1 până la 2 minute, până când amestecul se îngroașă. Reduceți nivelul de căldură.

f) Adăugați puiul. Se fierbe timp de 5-7 minute. Servi.

32. Cioda de pui curry

Face 8 portii

Ingrediente:

- 1 lingura de unt, nesarat
- 2 cepe tocate, medii
- 2 lingurițe de pudră de curry
- 2 coaste de telina tocate
- Un strop de piper cayenne
- 1/4 linguriță de sare, cușer
- 1/4 linguriță de piper, măcinat
- 5 căni de porumb, congelat
- 3 x 14 și 1/2 oz. conserve de bulion de pui, cu conținut scăzut de sodiu
- 1/2 cană de făină, universală
- 1/2 cană de lapte, 2%
- 3 căni de piept de pui, tăiat cubulețe și fiert
- 1/3 cană de coriandru tocat, proaspăt

Directii:

a) Într-o oală mare, încălziți untul la foc mediu. Adăugați țelina și ceapa. Amestecați în timp ce gătiți până sunt fragede. Amestecați condimentele și gătiți încă 1/2 minut.

b) Amestecați bulionul și porumbul și aduceți la fiert. Reduceți căldura și acoperiți oala. Se fierbe timp de 15-20 de minute.

c) Bateți laptele și făina într-un castron mic până se omogenizează și amestecați-o în supă. Se aduce din nou la fiert. Amestecați în timp ce gătiți până se îngroașă, aproximativ două minute. Se amestecă coriandru și pui și se încălzește complet. Servi.

33. Pui curry la aragaz lentă

Face 6 portii

Ingrediente:

- 6 jumătăți de piept de pui, fără piele, fără os
- 1 & 1/4 linguriță de sare, cușer
- 1 x 14 oz. cutie de lapte de cocos, usoara
- 1/2 linguriță de turmeric, măcinat
- 1/2 linguriță de piper cayenne
- 1 lingurita de pudra de curry
- 3 cepe verde feliate
- 2 linguri de apa, rece
- 2 linguri de amidon de porumb
- 1-2 linguri de suc de lamaie
- 3 căni de orez fiert, fierbinte

Directii:

a) Se presara sare peste pui. Acoperiți o tigaie mare, antiaderentă, folosind spray de gătit. Apoi rumeniți puiul pe fiecare parte și puneți-l într-un aragaz lent mare.

b) Într-un castron mediu, combinați laptele de cocos, turmeric, cayenne și curry. Se toarnă amestecul peste pui. Se presară cu 1/2 ceapă. Acoperi. Gatiti in aragazul incet pana cand puiul devine fraged, 4 pana la 5 ore.

c) Combinați apa rece și amidonul de porumb până se omogenizează și amestecați amestecul în aragazul lent. Puneți capacul înapoi. Gatiti la setare mare pana se ingroasa sosul, aproximativ o jumatate de ora. Se amestecă sucul de lămâie. Serviți puiul cu orez fierbinte.

d) Se toarnă sosul și se presară deasupra restul de ceapă.

34. Pui curry în stil thailandez

Face 4 portii

Ingrediente:

- 1 lb. de piept de pui cuburi de 1/2", fără piele, dezosat
- 1/2 linguriță de sare, cușer
- 1/4 linguriță de piper, măcinat
- 1 lingura ulei, masline
- 6 cepe verde feliate subțire
- 1 catel de usturoi tocat
- 2 linguri de amidon de porumb
- 1 & 1/2 cană de bulion, pui
- 3/4 cană lapte de cocos, ușor
- 1 lingura de suc de lamaie, proaspat
- 1 lingurita de pasta de curry, rosu
- 1 lingurita sos de soia, sodiu redus
- 2 cesti de orez brun, fiert
- 1/4 cană de nucă de cocos măruntită, neîndulcită

Directii:

a) Se amestecă puiul cu sare kosher și piper măcinat. Într-o tigaie mare, încălziți uleiul la foc mediu-mare . Adăugați puiul. Amestecați în timp ce gătiți timp de 2 până la 3 minute, până când afară nu mai devine roz. Adăugați usturoiul și ceapa verde. Gatiti inca un minut.

b) Într-un castron de dimensiuni mici, amestecați bulionul și amidonul de porumb până se omogenizează și amestecați amestecul într-o tigaie medie. Adăugați laptele de cocos, pasta de curry, sosul de soia și sucul de lămâie. Se aduce la fiert. Reduceți căldura.

c) Lăsați tigaia descoperită și fierbeți timp de 5 până la 6 minute, până când sosul se îngroașă oarecum. Se adaugă în patul de orez și se stropește cu nucă de cocos. Servi.

35. Curry de pui cu nucă de cocos

Face 6 portii

Ingrediente:

- 2 x 14 oz. conserve de lapte de cocos, usoare
- 1/3 - 1/2 cană de pastă de curry, roşu
- 1 x 8,80 oz. pachet de taitei de orez, subtire
- 2 x 14 şi 1/2 oz. conserve de bulion de pui, cu conţinut scăzut de sodiu
- 1/4 cană de zahăr brun, ambalat
- 3/4 linguriţe de sare de usturoi
- 2 linguri de sos de soia sau sos de peste
- 3 căni de bucăţi de pui la rotisor
- 1 şi 1/2 cană de bucăţi de varză
- 1 şi 1/2 cană de morcovi măruntiş
- 3/4 cană de muguri de fasole
- Frunze de coriandru, proaspete
- Busuioc, proaspăt

Directii:

a) Într-o oală mare, aduceți laptele de cocos la fiert. Lăsați descoperit. Gătiți până când lichidul s-a redus la trei căni, 10 până la 12 minute. Adăugați și amestecați pasta de curry până se dizolvă complet.

b) Pregătiți tăițeii folosind instrucțiunile de pe ambalaj.

c) Adăugați bulionul, sosul de pește, sarea de usturoi și zahărul brun în amestecul de curry și reveniți la fiert. Apoi reduceți căldura. Se lasă descoperit și se amestecă din când în când în timp ce se fierbe, timp de 10-12 minute. Se amestecă puiul și se încălzește complet.

d) Scurgeți tăițeii și împărțiți-i în șase boluri individuale. Peste tăiței se pune supa și se adaugă legume, coriandru și busuioc. Servi.

36. Curry cu ananas

Face 6 portii

Ingrediente:

- 2 x 8 oz. conserve de ananas în bucăți nescurcate și neîndulcite
- 6 jumătăți de piept de pui decojite, cu os
- 1 x 15 oz. conserva de năut clătit, scurs sau de fasole garbanzo
- 1 x 1"-cuburi de ceapă, mare
- 1 cană de morcovi, tăiați în juliană
- 1 ardei tăiat fâșii, mediu, dulce, roșu
- 1/2 cană lapte de cocos, ușor
- 2 linguri de amidon de porumb
- 2 linguri de zahar, granulat
- 2 catei de usturoi tocati
- 2 lingurite de radacina de ghimbir tocata, proaspata
- 3 lingurițe de pudră de curry
- 1 linguriță de sare, cușer

- 1 lingurita de piper, negru

- 1 lingurita de suc de lamaie, proaspat este cel mai bine

- 1/2 linguriță de fulgi de ardei mărunțiți, roșu

- Pentru servire: orez fiert, fierbinte

- 1/3 cana busuioc tocat, proaspat

- Opțional: nucă de cocos prăjită, mărunțită, îndulcită

Directii:

a) Scurgeți ananasul. Rezervați 3/4 cană din suc. Puneți puiul, năutul, legumele și ananasul într-un cuptor lent mare.

b) Într-un castron de dimensiuni mici, combinați laptele de cocos cu amidonul de porumb până obțineți o textură netedă. Se amestecă zahărul, usturoiul, pudră de curry, ghimbir, sare kosher, piper negru, fulgi de ardei roșu, suc de lime și suc de ananas rezervat. Se toarnă amestecul peste pui.

c) Acoperiți aragazul lent. Gătiți la setarea scăzută timp de 6 până la 8 ore, până când puiul devine fraged. Serviți alături sau peste orez. Stropiți cu busuioc, apoi nucă de cocos, dacă doriți.

37. Curry în stil indian

Face 6 portii

Ingrediente:

- 2 lbs. din jumătăți de piept de pui, dezosate, fără piele
- 2 lingurițe de sare, cușer
- 1/2 cană de ulei, vegetal
- 1 & 1/2 cani de ceapa, tocata
- 1 lingura de usturoi, tocat
- 1 lingură de pudră de curry
- 1 & 1/2 linguriță de rădăcină de ghimbir tocată, proaspătă
- 1 lingurita de chimen, macinat
- 1 lingurita de turmeric, macinata
- 1 lingurita de coriandru, macinat
- 1 lingurita de piper, cayenne
- 1 lingura de apa, filtrata
- 1 x 15 oz. conserva de rosii, zdrobite
- 1 cană de iaurt, simplu
- 1 lingură de coriandru tocat, proaspăt

- 1 linguriță de sare, cușer

- 1/2 cană de apă, filtrată

- 1 linguriță de amestec de condimente garam masala

- 1 lingură de coriandru tocat, proaspăt

- 1 lingura de suc de lamaie, proaspat

Directii:

a) Stropiți puiul cu 2 lingurițe de sare.

b) Încinge uleiul într-o tigaie mare la foc mare. Gătiți puiul parțial în loturi în ulei încălzit până se rumenește complet.

c) Transferați puiul rumenit pe farfurie. Pune-o deoparte.

d) Reduceți căldura sub tigaie la mediu-mare . Adăugați usturoiul, ghimbirul și ceapa în uleiul lăsat în tigaie. Gatiti 8-10 minute, pana ce ceapa devine translucida. Se amestecă 1 lingură de apă plus chimen, pudră de curry, cayenne, coriandru și turmeric în amestecul de ceapă. Amestecați în timp ce se încălzește timp de un minut sau cam așa ceva.

e) Amestecați 1 lingură de coriandru tocat cu 1 linguriță de sare, roșii și iaurt în amestecul de ceapă. Puneți pieptul de pui în tigaie, cu orice suc din farfurie.

f) Adăugați 1/2 cană de apă la amestec și aduceți la fiert în timp ce întoarceți puiul, acoperindu-l cu sos. Presărați 1 lingură de coriandru și garam masala peste pui.

g) Acoperiți tigaia. Fierbeți la foc mic timp de 20 până la 25 de minute, până când puiul nu mai devine roz și sucurile sale curg limpede. Temperatura internă ar trebui să fie de 165 F sau mai mare. Stropiți cu zeama de lămâie și serviți.

38. Curry picant de curcan

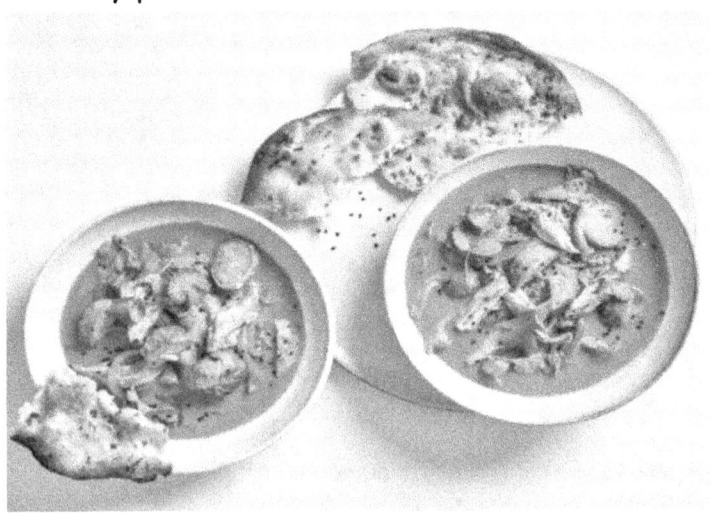

Face 4 portii

Ingrediente:

- 1/2 cană de morcovi, tăiați felii
- 1 cană de țelină, feliată
- 1 cană de lapte, fără grăsimi
- 2 linguri de amidon de porumb
- 3/4 cană supă de pui, cu conținut scăzut de sodiu
- 2 căni de pui sau curcan fierte, tăiate cubulețe
- 2 linguri de ceapa uscata, tocata
- 1/2 linguriță de pudră de usturoi
- 1/4 linguriță de pudră de curry
- Opțional: orez fierbinte, fiert

Directii:

a) Acoperiți ușor tigaia folosind spray antiaderent. Se călesc morcovii și țelina până se înmoaie.

b) Amestecați 1/4 cană de lapte și amidon de porumb într-un castron mediu. Adăugați restul de lapte și bulionul. Amestecați până obțineți o textură netedă.

c)   Turnați amestecul peste legume. Aduceți la fiert și amestecați în timp ce gătiți până se îngroașă, 2-3 minute. Adăugați curcanul sau puiul, usturoiul și praful de curry și ceapa. Se amestecă din când în când în timp ce se încălzește complet.

d)   Serviți alături de orez, dacă doriți.

39. Curry de rață cu ananas

Face 4-6 portii

Ingrediente:

- 15 ardei iute roșu lung și uscat
- 1 lingura boabe de piper alb
- 2 lingurițe de semințe de coriandru
- 1 lingurita de seminte de chimen
- 2 lingurite pasta de creveti
- 5 șalote asiatice roșii, tocate
- 10 catei de usturoi, tocati
- 2 tulpini de lemongrass, doar partea albă, feliate fin
- 1 lingura galangal tocat
- 2 linguri radacina de coriandru tocata
- 1 lingurita coaja de lime kaffir rasa fin
- 1 lingura ulei de arahide
- 8 cepe de primăvară (cepe), tăiate pe diagonală în lungimi de 3 cm ($1\frac{1}{4}$ in)
- 2 catei de usturoi, macinati

- 1 friptură de rață chinezească, tăiată în bucăți mari

- 400 ml (14 oz) lapte de cocos

- 450 g (1 lb) bucăți de ananas conservate în sirop, scurse

- 3 frunze de tei kaffir

- 3 linguri frunze de coriandru tocate

- 2 linguri menta tocata

Directii:

a) Înmuiați ardeii iute în apă clocotită timp de 5 minute sau până când se înmoaie. Scoateți tulpina și semințele, apoi tăiați.

b) Prăjiți boabele de piper, semințele de coriandru, semințele de chimen și pasta de creveți învelite în folie într-o tigaie, la foc mediu-înalt, timp de 2-3 minute, sau până când sunt parfumate. Se lasa sa se raceasca.

c) Zdrobiți sau măcinați boabele de piper, coriandru și chimen până la o pudră.

d) Puneți ardeiul iute tocat, pasta de creveți și condimentele măcinate cu ingredientele rămase din pasta de curry într-un robot de bucătărie sau

într-un mojar cu un pistil și procesați sau pisați până la o pastă netedă.

e) Se încălzește un wok până este foarte fierbinte, se adaugă uleiul și se amestecă pentru a acoperi partea laterală. Adăugați ceapa, usturoiul și 2-4 linguri de pastă de curry roșu și prăjiți timp de 1 minut sau până când este parfumat.

f) Adăugați bucățile de rață friptă, laptele de cocos, bucățile de ananas scurse, frunzele de lime kaffir și jumătate din coriandru și menta. Se aduce la fierbere, apoi se reduce focul și se fierbe timp de 10 minute, sau până când rața este încălzită și sosul s-a îngroșat ușor.

g) Se amestecă restul de coriandru și menta și se servește.

40. Koftas bogat de pui

Face 4 portii

Ingrediente:

- 2 linguri ulei
- 1 ceapa, tocata marunt
- 1 cățel de usturoi, zdrobit
- 1 lingurita de ghimbir tocat marunt
- 1 lingurita chimen macinat
- 1 lingurita garam masala
- ½ linguriță de turmeric măcinat
- 650 g (1 lb 7 oz) file de pulpă de pui, tăiate
- 2 linguri frunze de coriandru tocate
- 1 lingură ghee sau ulei
- 1 ceapa, tocata grosier
- 2 catei de usturoi, macinati
- 2 lingurite garam masala
- ½ linguriță de turmeric măcinat
- 170 ml (5½ oz/2/3 cană) lapte de cocos
- 90 g (3¼ oz/1/3 cană) iaurt simplu

- 125 ml (4 oz/½ cană) smântână îngroșată (pentru frișcă).

- 35 g (1¼ oz/1/3 cană) migdale măcinate

- 2 linguri frunze de coriandru tocate

Directii:

a) Pentru a face koftas, încălziți jumătate din ulei într-o tigaie. Adăugați ceapa, usturoiul, ghimbirul, chimenul măcinat, garam masala și turmericul măcinat și gătiți, amestecând, timp de 4-6 minute sau până când ceapa este fragedă și condimentele sunt parfumate. Se lasa sa se raceasca.

b) Puneți fileurile de pui în loturi într-un robot de bucătărie și procesați până când sunt tocate.

c) Puneți amestecul de pui, ceapă, coriandru și ½ linguriță de sare într-un castron și amestecați bine. Folosind mâinile umede, măsurați 1 lingură de amestec și modelați o minge.

d) Repetați cu amestecul rămas. Se încălzește uleiul rămas într-o tigaie cu bază grea, se adaugă koftas-ul în loturi și se fierbe timp de 4-5 minute sau până se rumenesc bine peste tot. Scoateți din tigaie și acoperiți. Puneti ceapa intr-un robot de bucatarie si procesati pana se omogenizeaza.

e) Încinge ghee-ul sau uleiul într-o tigaie. Adăugați ceapa și usturoiul și gătiți, amestecând, timp de 5 minute, până când amestecul începe să se îngroașe.

f) Adăugați garam masala și turmericul și gătiți timp de 2 minute. Adăugați laptele de cocos, iaurtul, smântâna și migdalele măcinate.

g) Aduceți aproape la fierbere, apoi reduceți focul la mediu și adăugați koftas. Gatiti, amestecand ocazional, timp de 15 minute sau pana cand koftas-urile sunt fierte. Se amestecă coriandru și se servește.

41. Pui cu unt

Face 4 portii

Ingrediente:

- 2 linguri ulei de arahide
- 1 kg (2 lb 4 oz), fileuri de pulpă de pui tăiate în sferturi
- 100 g (3½ oz) unt sau ghee
- 3 lingurite garam masala
- 2 lingurite boia dulce
- 1 lingura coriandru macinat
- 1 lingura de ghimbir tocat marunt
- 3 lingurite de chimen macinat
- 2 catei de usturoi, macinati
- 1 lingurita praf de chilli
- 1 baton de scortisoara
- 5 păstăi de cardamom, învinețite
- 2½ linguri pastă de tomate (piure concentrat)
- 1 lingura zahar
- 90 g (3¼ oz/1/3 cană) iaurt simplu

- 185 ml (6 oz/¾ ceasca) smantana (frisca)
- 1 lingura suc de lamaie

Directii:

a) Se încălzește o tigaie sau un wok până când este foarte fierbinte, se adaugă 1 lingură de ulei și se învârte. Adăugați jumătate din fileurile de pulpă de pui și prăjiți timp de 4 minute sau până se rumenesc.

b) Scoateți din tigaie. Adăugați ulei suplimentar, după cum este necesar, și gătiți puiul rămas, apoi îndepărtați.

c) Reduceți focul, adăugați untul în tigaie sau wok și topiți. Adăugați garam masala, boia dulce, coriandru, ghimbir, chimen, usturoi, pudră de ardei iute, baton de scorțișoară și păstăi de cardamom și se prăjesc timp de 1 minut sau până când sunt parfumate. Puiul se pune înapoi în tigaie și se amestecă condimentele astfel încât să fie bine acoperit.

d) Adăugați pasta de roșii și zahărul și fierbeți, amestecând, timp de 15 minute, sau până când puiul este fraged și sosul s-a îngroșat.

e) Adăugați iaurtul, smântâna și sucul de lămâie și fierbeți timp de 5 minute, sau până când sosul s-a îngroșat ușor.

42. Curry de pui și vinete cu mere

Face 4 portii

Ingrediente:

- 1 lingurita boabe de piper alb
- 2 linguri de creveți uscați
- 1 lingurita pasta de creveti
- 2 linguri radacina de coriandru tocata
- 3 tulpini de lemongrass, doar partea albă, feliate subțiri
- 3 catei de usturoi
- 1 lingura de ghimbir tocat marunt
- 1 ardei iute roșu, tocat
- 4 frunze de tei kaffir
- 3 linguri sos de peste
- 3 linguri suc de lamaie
- 1 lingurita turmeric macinat
- 500 g (1 lb 2 oz) file de pulpă de pui
- 250 g (9 oz) vinete de mere thailandeze (vinete)
- 400 ml (14 oz) cremă de nucă de cocos (nu agitați tava)

- 2 linguri zahăr de palmier ras (jaggery)
- 1 ardei capia roșu, feliat
- 230 g (8½ oz) castane de apă conservate, feliate, scurse
- 1 lingura frunze de coriandru tocate
- 1 lingura busuioc thailandez tocat

Directii:

a) Prăjiți boabele de piper, creveții uscați și pasta de creveți învelite în niște folie într-o tigaie, la foc mediu-înalt, timp de 2-3 minute, sau până când sunt parfumate.

b) Se lasa sa se raceasca. Folosind un mojar cu un pistil sau o râșniță de condimente, zdrobiți sau măcinați boabele de piper până la o pulbere. Procesați creveții uscați într-un robot de bucătărie până când devin mărunțiți foarte fin - formând o „ață dentară".

c) Puneți boabele de piper zdrobite, creveții uscați mărunțiți și pasta de creveți cu ingredientele rămase din pasta de curry într-un robot de bucătărie sau într-un mojar cu un pistil și procesați sau pisați până la o pastă netedă.

d) Tăiați fileurile de pulpă de pui în cuburi de 2,5 cm (1 inch). Tăiați vinetele în bucăți de dimensiune similară.

e) Puneți crema groasă de nucă de cocos din partea de sus a formei într-o cratiță, aduceți la fiert rapid la foc mediu, amestecând ocazional și gătiți timp de 5-10 minute sau până când amestecul „se desparte" (uleiul începe să se separe).

f) Adăugați pasta de curry și amestecați timp de 5-6 minute sau până când este parfumat. Adăugați zahărul de palmier și amestecați până se dizolvă.

g) Adăugați puiul, vinetele, ardeiul, jumătate din crema de cocos rămasă și castanele de apă. Aduceți la fierbere, acoperiți și reduceți la fiert și gătiți timp de 15 minute, sau până când puiul este gătit și vinetele sunt moi.

h) Se amestecă crema de cocos rămasă, coriandru și busuioc.

43. Pui curry birmanez

Face 6 portii

Ingrediente:

- 1 lingură pudră de curry indian mediu condimentat
- 1 lingurita garam masala
- 1 lingurita piper cayenne
- 2 lingurite boia dulce
- 1,6 kg (3 lb 8 oz) pui întreg tăiat în 8 bucăți sau 1,6 kg (3 lb 8 oz) bucăți de pui amestecate
- 2 cepe, tocate
- 3 catei de usturoi, macinati
- 2 lingurite de ghimbir ras
- 2 rosii, tocate
- 2 lingurite pasta de rosii
- 1 tulpină de lemongrass, doar partea albă, feliată subțire
- 3 linguri ulei
- 500 ml (17 oz/2 căni) supă de pui
- 1 lingurita zahar
- 1 lingura sos de peste

Directii:

a) Amestecați praful de curry, garam masala, ardeiul cayenne și boia de ardei într-un castron.

b) Frecați acest amestec de condimente peste bucățile de pui și puneți deoparte.

c) Puneți ceapa, usturoiul, ghimbirul, roșiile, pasta de roșii și iarbă de lămâie într-un robot de bucătărie sau într-un mojar cu un pistil și procesați sau pisați până la o pastă netedă.

d) Într-o tigaie mare cu bază grea (care se va potrivi bucățile de pui într-un singur strat), se încălzește uleiul la foc mediu, se adaugă puiul și se rumenește peste tot, apoi se scoate din tigaie.

e) În aceeași tigaie, adăugați pasta de ceapă și gătiți la foc mic timp de 5-8 minute amestecând continuu. Puneți puiul înapoi în tigaie și întoarceți-l pentru a acoperi pastă.

f) Adăugați bulionul de pui și zahărul și aduceți la fiert. Reduceți focul la mic, acoperiți și gătiți timp de $1\frac{1}{4}$ oră sau până când puiul este foarte fraged. În timp ce gătiți, îndepărtați uleiul care iese la suprafață și aruncați-l.

g) Se amestecă sosul de pește și se servește.

44. curry de pui din Malaezia

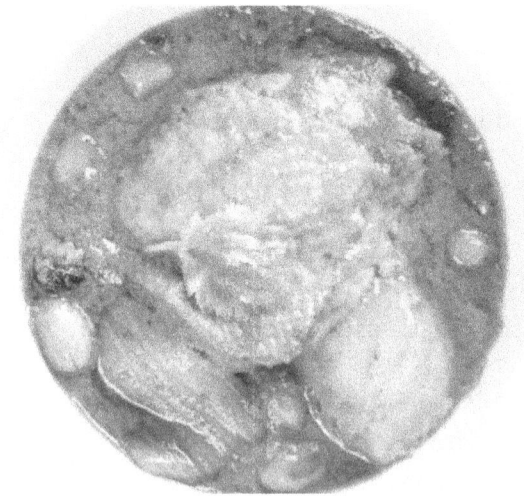

Face 4 portii

Ingrediente:

- 3 lingurițe de creveți uscați
- 80 ml (2½ oz/1/3 cană) ulei
- 6-8 ardei iute roșu, fără semințe, tocați mărunt
- 4 catei de usturoi, macinati
- 3 tulpini de iarba de lamaie, doar partea alba, tocate marunt
- 2 lingurite de turmeric macinat
- 10 nuci de lumânare
- 2 cepe mari, tocate
- 250 ml (9 oz/1 cană) lapte de cocos
- 1,5 kg (3 lb 5 oz) pui întreg, tăiat în 8 bucăți
- 125 ml (4 oz/½ cană) cremă de nucă de cocos
- 2 linguri suc de lamaie

Directii:

a) Puneți creveții într-o tigaie și prăjiți la foc mic, scuturând tigaia în mod regulat, timp de 3 minute, sau până când creveții devin portocalii închis și emană o aromă puternică. Se lasa sa se raceasca.

b) Puneți creveții, jumătate din ulei, ardei iute, usturoi, iarbă de lămâie, turmeric și nuci de lumânare într-un robot de bucătărie sau într-un mojar cu un pistil și procesați sau pisați până la o pastă netedă.

c) Se încălzește uleiul rămas într-un wok sau o tigaie, se adaugă ceapa și $\frac{1}{4}$ de linguriță de sare și se fierbe, amestecând regulat, la foc mic-mediu timp de 8 minute sau până devin aurii.

d) Adăugați pasta de condimente și amestecați timp de 5 minute. Dacă amestecul începe să se lipească de fundul cratiței, adăugați 2 linguri de lapte de cocos. Este important să gătiți bine amestecul, deoarece acest lucru dezvoltă aromele.

e) Adăugați puiul în wok sau tigaie și gătiți, amestecând, timp de 5 minute sau până când începe să se rumenească.

f) Se amestecă laptele de cocos rămas și 250 ml (9 oz/1 cană) apă și se aduce la fierbere. Reduceți focul și fierbeți timp de 50 de minute, sau până când puiul este gătit și sosul s-a îngroșat puțin.

g) Adăugați crema de cocos și aduceți amestecul înapoi la fierbere, amestecând continuu. Adăugați sucul de lămâie și serviți imediat.

45. curry de pui din Malaezia

Face 4 portii

Ingrediente:

- 1 lingurita pasta de creveti
- 2 cepe roșii, tocate
- 4 ardei iute roșii, fără semințe
- 4 catei de usturoi, macinati
- 2 tulpini de lemongrass, doar partea albă, feliate
- 3 cm (1¼ in) cub galangal, feliat
- 8 frunze de tei kaffir, tocate grosier
- 1 lingurita turmeric macinat
- 2 linguri ulei
- 750 g (1 lb 10 oz) file de pulpă de pui, tăiate în bucăți mici
- 400 ml (14 oz) lapte de cocos
- 3½ linguri piure de tamarind
- 1 lingura sos de peste
- 3 frunze de tei kaffir, mărunțite

Directii:

a) Se prăjește pasta de creveți învelită în niște folie într-o tigaie la foc mediu-înalt timp de 2-3 minute sau până când este parfumată. Se lasa sa se raceasca.

b) Puneți pasta de creveți cu ingredientele rămase pentru pasta de curry într-un robot de bucătărie sau într-un mojar cu un pistil și procesați sau bateți până la o pastă netedă.

c) Se încălzește un wok sau o cratiță mare la foc mare, se adaugă uleiul și se amestecă pentru a acoperi partea laterală. Adăugați pasta de curry și gătiți, amestecând ocazional, la foc mic timp de 8-10 minute sau până când este parfumat. Adăugați puiul și prăjiți cu pasta timp de 2-3 minute.

d) Adăugați laptele de cocos, piureul de tamarind și sosul de pește în wok și fierbeți, amestecând ocazional, timp de 15-20 de minute sau până când puiul este fraged.

e) Se ornează cu frunzele de lime kaffir mărunțite și se servește.

46. Curry de rață și nucă de cocos

Face 6 portii

Ingrediente:

- 1½ linguriță de semințe de coriandru
- 1 lingurita de seminte de cardamom
- 1 lingurita de seminte de schinduf
- 1 linguriță de semințe de muștar brun
- 10 boabe de piper negru
- 1 ceapa rosie, tocata
- 2 catei de usturoi, macinati
- 4 ardei iute roșii, fără semințe, tocate
- 2 radacini de coriandru, tocate
- 2 lingurite de ghimbir ras
- 2 lingurite garam masala
- 1 lingurita turmeric macinat
- 2 lingurite piure de tamarind
- 6 fileuri de piept de rata
- 1 ceapa rosie, taiata felii
- 125 ml (4 oz/½ cană) oțet alb

- 500 ml (17 oz/2 căni) lapte de cocos
- 1 mână mică de frunze de coriandru

Directii:

a) Prăjiți semințele de coriandru, cardamon, schinduf și muștar într-o tigaie la foc mediu-înalt timp de 2-3 minute sau până când sunt parfumate. Se lasa sa se raceasca.

b) Folosind un mojar cu un pistil sau o râșniță de condimente, zdrobiți sau măcinați condimentele cu boabele de piper negru până la o pulbere.

c) Puneți condimentele măcinate cu ingredientele rămase pentru pastă de curry într-un robot de bucătărie sau într-un mojar cu un pistil și faceți o pastă netedă.

d) Tăiați orice exces de grăsime din fileurile de rață, apoi puneți, cu pielea în jos, într-o cratiță mare și gătiți la foc mediu timp de 10 minute sau până când pielea devine maronie și orice grăsime rămasă s-a topit.

e) Întoarceți fileurile și gătiți timp de 5 minute sau pana când se înmoaie. Scoateți și scurgeți pe un prosop de hârtie.

f) Rezervați 1 lingură grăsime de rață, aruncați grăsimea rămasă. Adăugați ceapa și gătiți timp de

5 minute, apoi adăugați pasta de curry și amestecați la foc mic timp de 10 minute, sau până când este parfumat.

g) Întoarceți rața în tigaie și amestecați pentru a se acoperi cu pastă. Se amestecă oțetul, laptele de cocos, 1 linguriță de sare și 125 ml (4 oz/½ cană) de apă. Se fierbe, acoperit, timp de 45 de minute, sau până când fileurile sunt fragede.

h) Se amestecă frunzele de coriandru chiar înainte de servire.

47. Pui condimentat și migdale

Face 6 portii

Ingrediente:

- 3 linguri ulei
- 30 g (1 oz/¼ cană) de migdale felii
- 2 cepe roșii, tocate mărunt
- 4-6 căței de usturoi, zdrobiți
- 1 lingura de ghimbir ras
- 4 păstăi de cardamom, învinețite
- 4 cuișoare
- 1 lingurita chimen macinat
- 1 lingurita coriandru macinat
- 1 lingurita turmeric macinat
- ½ lingurita praf de chilli
- 1 kg (2 lb 4 oz) file de pulpă de pui, tăiate
- 2 roșii mari, decojite, tocate
- 1 baton de scortisoara
- 100 g (3½ oz/1 cană) migdale măcinate

Directii:

a) Se încălzește 1 lingură de ulei într-o cratiță mare. Adăugați migdalele și gătiți la foc mic timp de 15 secunde, sau până când devin ușor aurii. Scoateți și scurgeți pe un prosop de hârtie mototolită.

b) Se încălzește uleiul rămas, se adaugă ceapa și se gătește, amestecând, timp de 8 minute sau până se rumenește. Adăugați usturoiul și ghimbirul și gătiți, amestecând, timp de 2 minute, apoi amestecați condimentele. Reduceți focul la mic și gătiți timp de 2 minute sau până devine aromat.

c) Adăugați puiul și gătiți, amestecând constant, timp de 5 minute, sau până când se îmbracă bine cu condimente și începe să se coloreze.

d) Se amestecă roșia, batonul de scorțișoară, migdalele măcinate și 250 ml (9 oz/1 cană) apă fierbinte. Se fierbe, acoperit, la foc mic timp de 1 oră sau până când puiul este fiert și fraged. Amesteca des si mai adauga putina apa, daca este nevoie.

e) Lăsați tigaia să stea, acoperită, timp de 30 de minute pentru ca aromele să se dezvolte, apoi scoateți batonul de scorțișoară. Împrăștiați migdalele tăiate deasupra și serviți.

48. Pui în lapte de cocos

Face 6 portii

Ingrediente:

- 2 linguriţe de seminţe de coriandru
- ½ linguriţă de seminţe de chimen
- 2 linguriţe boabe de piper alb
- 1 linguriţă de pastă de creveţi 30 g (1 oz) de creveţi uscaţi
- 2 tulpini de lemongrass, doar partea albă, feliate
- 2 cepe roşii, tocate
- 3 catei de usturoi, macinati
- 1 lingura de ghimbir ras
- 2½ linguri galangal ras
- ¼ lingurita de nucsoara macinata
- ¼ linguriţă cuişoare măcinate
- 560 ml (19¼ oz/2¼ cesti) crema de nuca de cocos
- 1,5 kg (3 lb 5 oz) pui, tăiat în 8-10 bucăţi
- 800 ml (28 oz/3¼ cani) lapte de cocos
- 2 linguri piure de tamarind

- 1 lingura otet alb
- 1 baton de scortisoara

Directii:

a) Prăjiți semințele de coriandru, semințele de chimen, boabele de piper alb și pasta de creveți învelite în niște folie într-o tigaie, la foc mediu-înalt, timp de 2-3 minute, sau până când este parfumată. Se lasa sa se raceasca.

b) Folosind un mojar cu un pistil sau o râșniță de condimente, zdrobiți sau măcinați coriandru, chimen și boabe de piper până la o pulbere. Procesați creveții într-un robot de bucătărie până când devin mărunțiți foarte fin.

c) Puneți condimentele zdrobite și creveții cu ingredientele rămase pentru pastă de curry într-un robot de bucătărie sau într-un mojar cu un pistil și procesați sau bateți până la o pastă netedă.

d) Se încălzește o cratiță mare sau un wok la foc mediu, se adaugă crema de cocos și pasta de curry și se fierbe, amestecând, timp de 20 de minute sau până când se îngroașă și uleios.

e) Adăugați puiul și ingredientele rămase și fierbeți ușor timp de 50 de minute, sau până când puiul este fraged. Asezonați după gust și serviți imediat.

49. Curry verde de găină

Face 4-6 portii

Ingrediente:

- 1 lingurita boabe de piper alb
- 2 linguri seminte de coriandru
- 1 lingurita de seminte de chimen
- 2 lingurite pasta de creveti
- 1 lingurita sare de mare
- 4 tulpini de lemongrass, doar partea albă, feliate fin
- 2 lingurite galangal tocat
- 1 frunză de tei kaffir, mărunțită mărunt
- 1 lingura radacina de coriandru tocata
- 5 şalote asiatice roşii, tocate
- 10 căței de usturoi, zdrobiți
- 16 ardei iute verzi lungi, fără semințe, tocați
- 500 ml (17 oz/2 căni) cremă de nucă de cocos
- 2 linguri zahăr de palmier ras (jaggery)
- 2 linguri sos de peste

- 4 frunze de tei kaffir, mărunțite mărunt

- 1 kg (2 lb 4 oz) pulpe de pui sau file de piept, tăiate în fâșii groase

- 200 g (7 oz) muguri de bambus, tăiați în fâșii groase

- 100 g (3½ oz) de fasole de șarpe (lungimea unei metri), tăiate în lungimi de 5 cm (2 inchi)

- 1 mână busuioc thailandez

Directii:

a) Prăjiți boabele de piper, semințele de coriandru, semințele de chimen și pasta de creveți învelite în folie într-o tigaie, la foc mediu-înalt, timp de 2-3 minute, sau până când sunt parfumate.

b) Se lasa sa se raceasca. Folosind un mojar cu un pistil sau o râșniță de condimente, zdrobiți sau măcinați boabele de piper, coriandru și chimen până la o pudră.

c) Puneți pasta de creveți și condimentele măcinate cu ingredientele rămase din pasta de curry într-un robot de bucătărie sau într-un mojar cu un pistil și procesați sau bateți până la o pastă netedă.

d) Puneți crema groasă de nucă de cocos din partea de sus a formelor într-o cratiță, aduceți la fiert rapid la foc mediu, amestecând ocazional și gătiți timp de 5-10 minute sau până când amestecul „se desparte" (uleiul începe să se separe).

e) Adăugați 4 linguri de pastă de curry verde, apoi fierbeți timp de 15 minute sau până când este parfumat. Adăugați în tigaie zahărul de palmier, sosul de pește și frunzele de lime kaffir.

f) Se amestecă crema de cocos rămasă și puiul, lăstarii de bambus și fasolea și se fierbe timp de 15 minute sau până când puiul este fraged. Se amestecă busuiocul thailandez și se servește.

50. Curry de pui și roșii

Face 8-10 portii

Ingrediente:

- 1 lingura ulei
- 2 pui de 1,5 kg (3 lb 5 oz), îmbinați
- 1 ceapă, feliată
- 1 lingurita cuisoare macinate
- 1 lingurita turmeric macinat
- 2 lingurite garam masala
- 3 lingurite chilli pudra
- 3 păstăi de cardamom
- 3 catei de usturoi, macinati
- 1 lingura de ghimbir ras
- 1 lingura de mac
- 2 lingurițe de semințe de fenicul
- 250 ml (9 oz/1 cană) lapte de cocos
- 1 anason stelat
- 1 baton de scortisoara
- 4 roșii mari, tăiate grosier

- 2 linguri suc de lamaie

Directii:

a) Se încălzește uleiul într-o tigaie mare la foc mediu, se adaugă puiul în loturi și se gătește timp de 5-10 minute, sau până se rumenește, apoi se transferă într-o cratiță mare.

b) Adăugați ceapa în tigaie și gătiți, amestecând, timp de 10-12 minute sau până când devine auriu. Se amestecă cuișoarele măcinate, turmericul, garam masala și pudra de chilli și se gătesc, amestecând, timp de 1 minut, apoi se adaugă la pui.

c) Zdrobiți ușor păstăile de cardamom cu partea plată a unui cuțit greu. Scoateți semințele, aruncând păstăile.

d) Puneți semințele și usturoiul, ghimbirul, semințele de mac, semințele de fenicul și 2 linguri de lapte de cocos într-un robot de bucătărie sau într-un mojar cu un pistil și procesați sau pisați până la o pastă netedă.

e) Adăugați amestecul de condimente, laptele de cocos rămas, anason stelat, baton de scorțișoară, roșii și 3 linguri de apă la pui.

f) Se fierbe, acoperit, timp de 45 de minute, sau până când puiul este fraged. Scoateți puiul, acoperiți și păstrați-l la cald. Aduceți lichidul de gătit la fiert și fierbeți timp de 20-25 de minute sau până când scade la jumătate.

g) Pune puiul pe o farfurie de servire, amestecă sucul de lămâie cu lichidul de gătit și toarnă peste pui.

51. Masala de pui

Face 4 portii

Ingrediente:

- 1,5 kg (3 lb 5 oz) file de pulpă de pui sau bucăți de pui, fără piele
- 2 lingurite chimen macinat
- 2 lingurite coriandru macinat
- 1½ linguriță garam masala
- 1 lingurita turmeric macinat
- 2 cepe, tocate mărunt
- 4 căței de usturoi, tăiați grosier
- 5 cm (2 in) ghimbir, tocat grosier
- 2 rosii coapte, tocate
- 3 linguri ghee sau ulei
- 5 cuișoare
- 8 păstăi de cardamom, învinețite
- 1 baton de scortisoara
- 10 frunze de curry
- 160 g (5¾ oz/2/3 cană) iaurt în stil grecesc

Directii:

a) Îndepărtați excesul de grăsime de pe pui. Amestecați chimenul, coriandru, garam masala și turmericul și frecați-l în pui.

b) Pune jumatate de ceapa cu usturoiul, ghimbirul si rosiile tocate intr-un robot de bucatarie sau intr-un mojar cu pistil si proceseaza sau bate pana la o pasta fina.

c) Se încălzește ghee-ul sau uleiul într-o tavă la foc mic, se adaugă ceapa rămasă, cuișoarele, cardamomul, scorțișoara și frunzele de curry și se prăjesc până când ceapa devine maro aurie.

d) Adăugați pasta de roșii și ceapă și amestecați timp de 5 minute. Se condimentează cu sare, după gust.

e) Adăugați iaurtul și amestecați până la omogenizare, apoi adăugați puiul condimentat. Se aruncă bucăți și se aduce încet la fierbere.

f) Reduceți focul, acoperiți și fierbeți timp de 50 de minute sau până când uleiul se desparte de sos. Amestecați ingredientele din când în când pentru a preveni lipirea puiului.

52. Curry de rață la grătar cu litchi

Face 4 portii

Ingrediente:

- 1 lingurita boabe de piper alb
- 1 lingurita pasta de creveti
- 3 ardei iute roșu lung, fără semințe
- 1 ceapa rosie, tocata grosier
- 2 catei de usturoi
- 2 tulpini de lemongrass, doar partea albă, feliate subțiri
- ghimbir bucată de 5 cm (2 inchi).
- 3 rădăcini de coriandru
- 5 frunze de tei kaffir
- 2 linguri ulei
- 2 lingurite coriandru macinat
- 1 lingurita chimen macinat
- 1 lingurita boia
- 1 lingurita turmeric macinat
- 1 rață chinezească la grătar

- 400 ml (14 oz) cremă de nucă de cocos
- 1 lingură zahăr de palmier ras (jaggery)
- 2 linguri sos de peste
- 1 felie groasă de galangal
- 240 g (8½ oz) de ciuperci pai conservate, scurse
- 400 g (14 oz) conservanți de litchi, tăiați în jumătate
- 250 g (9 oz) roșii cherry
- 1 mână busuioc thailandez, tocat
- 1 mână de frunze de coriandru

Directii:

a) Prăjiți boabele de piper și pasta de creveți învelite în niște folie într-o tigaie, la foc mediu-înalt, timp de 2-3 minute, sau până când sunt parfumate. Se lasa sa se raceasca.

b) Folosind un mojar cu un pistil sau o râșniță de condimente, zdrobiți sau măcinați boabele de piper până la o pulbere.

c) Puneți boabele de piper zdrobite și creveții cu ingredientele rămase pentru pastă de curry într-un robot de bucătărie sau într-un mojar cu un pistil și procesați sau pisați până la o pastă netedă.

d) Scoateți carnea de rață de pe oase și tăiați-o în bucăți mici. Puneți crema groasă de nucă de cocos din partea de sus a formei într-o cratiță, aduceți la fiert rapid la foc mediu, amestecând ocazional și gătiți timp de 5-10 minute sau până când amestecul „se desparte" (uleiul începe să se separe).

e) Adăugați jumătate din pasta de curry, zahărul de palmier și sosul de pește și amestecați până se dizolvă zahărul de palmier.

f) Adăugați rața, galanga, ciupercile pai, lychees, siropul de lychee rezervat și crema de cocos rămasă. Aduceți la fierbere, apoi reduceți la fiert și gătiți timp de 15-20 de minute sau până când rața este fragedă.

g) Adăugați roșiile cherry, busuioc și coriandru. Asezonati după gust. Se servesc cand rosiile cherry sunt putin inmuiate.

53. Curry de pui, migdale și stafide

Face 6 portii

Ingrediente:

- 6 păstăi de cardamom
- 6 cuișoare
- 1 lingurita de seminte de chimen
- 1 lingurita piper cayenne
- 2 linguri ghee sau ulei
- 1 kg (2 lb 4 oz) file de pulpă de pui, tăiate în cuburi de 3 cm (1¼ in)
- 1 ceapa, tocata marunt
- 3 catei de usturoi, macinati
- 1½ linguri de ghimbir ras fin 2 batoane de scortisoara
- 2 foi de dafin
- 50 g (1¾ oz/1/3 cană), migdale albite, ușor prăjite
- 40 g (1½ oz/1/3 cană) stafide
- 250 g (9 oz/1 cană) iaurt simplu
- 125 ml (4 oz/½ cană) supă de pui

Directii:

a) Zdrobiți ușor păstăile de cardamom cu partea plată a unui cuțit greu. Scoateți semințele, aruncând păstăile. Prăjiți semințele împreună cu cuișoarele, semințele de chimen și ardeiul cayenne într-o tigaie la foc mediu-înalt timp de 2-3 minute sau până când se simte parfumat.

b) Se lasa sa se raceasca. Folosind un mojar cu un pistil sau o râșniță de condimente, zdrobiți sau măcinați până la o pulbere.

c) Într-o tigaie mare cu bază grea, încălziți ghee-ul sau uleiul la foc mediu-înalt. Se rumenește puiul în loturi și se pune deoparte.

d) În aceeași tigaie, gătiți ceapa, usturoiul și ghimbirul la foc mic timp de 5-8 minute până se înmoaie. Adăugați amestecul de condimente măcinate, batoanele de scorțișoară și foile de dafin și gătiți, amestecând constant, timp de 5 minute.

e) Pune migdalele, stafidele și puiul înapoi în tigaie. Adaugati iaurtul cate o lingura, amestecand pentru a-l incorpora in vas. Adaugă

f) supa de pui, reduceți focul la mic, acoperiți și gătiți timp de 40 de minute sau până când puiul este fraged. În timp ce gătiți, îndepărtați uleiul care iese la suprafață și aruncați-l. Se condimentează bine și se servește.

54. Pui curry vietnamez

Face 6 portii

Ingrediente:

- 4 sferturi mari de pulpe de pui
- 1 lingură pudră de curry indian
- 1 linguriță de zahăr tos (superfin).
- 80 ml (2½ oz/1/3 cană) ulei
- 500 g (1 lb 2 oz) de cartofi dulci, tăiați în cuburi de 3 cm (1¼ in)
- 1 ceapă mare, tăiată în felii subțiri
- 4 catei de usturoi, macinati
- 1 tulpină de lemongrass, doar partea albă, tocată mărunt
- 2 foi de dafin
- 1 morcov mare, tăiat în bucăți de 1 cm (½ in).
- 400 ml (14 oz) lapte de cocos
- Busuioc thailandez, de servit

Directii:

a) Îndepărtați pielea și orice exces de grăsime de pe pui. Se usucă cu un prosop de hârtie și se taie fiecare sfert în 3 bucăți egale. Pune într-un castron praful de curry, zahărul, ½ linguriță de piper negru și 2 lingurițe de sare și amestecă bine.

b) Frecați amestecul de curry în bucățile de pui. Pune bucățile de pui pe o farfurie, acoperă cu folie de plastic și dai la frigider peste noapte.

c) Încinge uleiul într-o cratiță mare. Adăugați cartofii dulci și gătiți la foc mediu timp de 3 minute sau până când devin ușor aurii. Scoateți cu o lingură cu fantă.

d) Scoateți toate, cu excepția a 2 linguri de ulei din tigaie. Adăugați ceapa și gătiți, amestecând, timp de 5 minute. Adăugați usturoiul, lemongrass și foile de dafin și gătiți timp de 2 minute.

e) Adăugați puiul și gătiți, amestecând, la foc mediu timp de 5 minute, sau până când amestecul este bine acoperit și începe să își schimbe culoarea.

f) Adăugați 250 ml (9 oz/1 cană) de apă și fierbeți, acoperit, amestecând ocazional, timp de 20 de minute.

g) Se amestecă morcovul, cartofii dulci și laptele de cocos și se fierbe, neacoperit, amestecând ocazional, timp de 30 de minute sau până când puiul este gătit și fraged. Aveți grijă să nu rupeți cuburile de cartofi dulci.

h) Se serveste deasupra cu busuioc thailandez.

CARNE DE VITĂ CURRY

55. Panang Chile Curry

Face 4 portii

Ingrediente:

- Pastă de curry Panang, preparată, îmbuteliată, după dorință
- 2 lbs. de mandrină feliată subțire
- Sare kosher, după dorință
- 1/2 cană de ulei, vegetal
- 4 ardei iute serrano tăiați subțiri, fără semințe
- 3 frunze de tei tăiate mărunt, kaffir
- 2 x 13 și 1/2 oz. conserve de lapte de cocos, neîndulcit
- 1/2 cană de zahăr, granulat
- 1/4 cană de sos de pește
- 1 lingurita de chimen, macinat
- Pentru a servi: orez iasomie, aburit și crenguțe de busuioc
- Opțional: 4 ouă mari, prăjite

Directii:

a) Folosiți sare cușer pentru a asezona carnea de vită după cum doriți. Încinge uleiul într-o tigaie mare la foc mediu-mare. Amestecați pasta de curry pregătită în timp ce gătiți timp de un minut, până când este parfumată.

b) Adăugați carnea de vită. Aruncați constant în timp ce gătiți timp de 5-8 minute, până se rumenesc.

c) Adăugați în tigaie lapte de cocos, frunze de lime, ardei iute, 1 și 1/2 cană de apă, chimen, sos de pește și zahăr. Aduceți la fiert și asezonați după dorință.

d) Adăugați apă dacă este necesar în timp ce gătiți carnea de vită și mențineți-o scufundată timp de 1 și 1/2 până la 2 ore, până când carnea de vită devine fragedă. Serviți carnea de vită pe orez și acoperiți cu ouă și busuioc.

56. Curry de vită în stil acasă

Face 6 portii

Ingrediente:

Pentru raita:

- 2 castraveți, proaspeți
- Sare kosher, după dorință
- 1 catel de usturoi
- 1/2 cană de iaurt, simplu
- 1/2 cană de iaurt, grecesc

Pentru curry:

- 1 lingură de făină, universală
- 1 lingura de amidon de porumb
- 3 linguri de ulei, vegetal
- 2 lbs. de 1" bucăți tăiate mandrina de vită
- Sare kosher și piper măcinat, după dorință
- 3 cepe medii tocate
- 1 mar decojit si ras
- 3 linguri de sos mirin

- 1 lingura de ghimbir curatat si tocat

- 2 catei de usturoi tocati

- 3 linguri de pudră de curry

- 1 lingura de zahar, granulat

- 1/2 linguriță de melasă, închisă la culoare

- 1 lingură de amestec de condimente garam masala

- 1 lingură de sos de soia, cu conținut scăzut de sodiu

- 4 căni de bulion, pui

- 1/2 dovleac decojit, fără sămânță, tăiat de 1/2".

- 1 cartof mare spălat, cubulețe de 1/2 inch

- 2 morcovi mari decojiți și tăiați 1/2 inch

- Pentru a servi: orez alb la abur

Directii:

a) Tăiați castraveții în jumătate pe lungime. Tăiați-le în semilună. Se aruncă într-un castron mediu cu puțină sare.

b) Clătiți cu câteva schimburi de apă de la robinet, apoi stoarceți excesul de lichid. Puneți într-un castron mic.

c) Pasta usturoiul si sare (doar un praf) pe tabla de taiere. Se amestecă cu castraveți și ambele tipuri de iaurt.

d) Asezonați după dorință.

e) Amestecați făina cu 2 linguri de apă și amidon într-un bol mediu. Pus deoparte.

f) Se încălzește uleiul într-o oală mare la foc mediu-mare . Se condimentează carnea de vită după cum doriți. Lucrați în două reprize pentru a găti carnea de vită întorcându-se ocazional, timp de 6 până la 8 minute fiecare lot, până când toate părțile cărnii s-au rumenit.

g) Adăugați mărul și ceapa. Amestecați ocazional în timp ce gătiți timp de 12 până la 15 minute, până ce ceapa devine moale. Adăugați mirin, usturoi și ghimbir. Amestecați ocazional în timp ce gătiți timp de 5-6 minute, până când este destul de parfumat.

h) Adăugați garam masala, praf de curry, bulion și sos de soia. Se aduce la fiert, apoi se reduce focul. Se fierbe timp de 30 până la 40 de minute, până când carnea de vită este aproape fragedă.

i) Adăugați dovleceii, morcovii și cartofii. Acoperiți oala. Gătiți timp de 20 până la 30 de minute până când se înmoaie, păstrând legumele scufundate adăugând apă după cum este necesar.

j) Scufundați o sită în curry. Bateți rezervele de șlam în lichidul din sită și amestecați. Se pune curry-ul la fiert.

k) Apoi reduceți căldura. Se fierbe timp de 8 până la 10 minute, până se îngroașă. Adăugați curry peste orez și acoperiți cu raita. Servi.

57. Curry de vită și nucă de cocos

Face 4 portii

Ingrediente:

- 1 și 1/2 lb. de 1"-cuburi de carne de vită
- Sare cușer
- 2 linguri de ulei, vegetal
- 2 linguri de unt, nesarat
- 1/2 ceapă mare feliată subțire, albă
- 4 catei de usturoi tocati marunt
- 1 lingura de ghimbir curatat, tocat marunt
- 3 linguri de pudră de curry, indian dacă aveți
- 2 foi de dafin, medii
- 2 x 13 și 1/2 oz. conserve de lapte de cocos, neindulcit
- 2 lbs. de 2"-cuburi, decojiti de cartofi

Directii:

a) Asezonați generos carnea de vită cu sare cușer. Se încălzește uleiul într-o oală mare, mare, la foc mediu-mare . Lucrați în loturi pentru a găti carnea de vită întorcându-se ocazional timp de 8 până la 10 minute, până se rumenește adânc peste tot. Apoi transferați carnea de vită pe farfurie.

b) Se toarnă grăsimea din oală, cu excepția a 1 lingură Reduceți nivelul de căldură la mediu Adăugați untul, ceapa, ghimbirul și usturoiul.

c) Amestecați des în timp ce gătiți și răzuiți bucățile maro timp de 5-6 minute, până când ceapa devine translucidă.

d) Adăugați curry. Amestecați în timp ce gătiți timp de 3-4 minute, până când începe să se lipească de oală. Adăugați și amestecați 1 cană de apă, foi de dafin și lapte de cocos. Întoarceți carnea de vită într-o oală mare. Asezonați după dorință. Aduceți la fiert și gătiți acoperit parțial timp de 30 până la 35 de minute, până când carnea de vită abia devine fragedă.

e) Adăugați cartofii, apoi aduceți amestecul la fiert.

f) Lăsați descoperit și amestecați din când în când în timp ce gătiți timp de 25 până la 35 de minute, până când cartofii și carnea de vită devin destul de fragede. Se condimentează după dorință și se servește.

58. Chiftelă curry

Face 8 portii

Ingrediente:

Pentru chiftele

- Ulei, măsline, la nevoie
- 6 x 1"-tăiați ceai
- 2 jalapeños fără semințe
- 6 catei de usturoi
- 1 x 1" bucată de ghimbir decojit, tocat
- 1 lingura de suc de lamaie, proaspat
- 1 lingură de amestec de condimente garam masala
- 1 lingurita de coriandru, macinat
- 1/2 linguriță de chimen, măcinat
- 1/2 linguriță de piper, cayenne
- 2 lbs. din carne de vita, macinata
- 1 ou batut, mare
- 3 linguri de iaurt, simplu
- 2 lingurițe de sare, cușer

Pentru sosul de curry

- 1/4 cană ulei, măsline
- 4 cepe medii tocate
- 10 catei de usturoi macinati
- Bucată de ghimbir decojită și tocată de 1 și 1/2".
- 3 ardei iute, uscate
- 4 lingurite de chimen, macinat
- 4 linguriţe de pudră de curry
- 4 linguriţe de turmeric, măcinat
- 3 linguri de coriandru, măcinat
- 1 lingurita boabe de piper, negru
- 1 x 14 și 1/2 oz. conserva de rosii, zdrobite
- 1 frunză de dafin, medie
- 1 lingura de sare, kosher + extra dupa dorinta
- 1 lingura de suc de lamaie, proaspat
- 1/2 linguriţă de piper, cayenne
- Pentru a servi: frunze de coriandru și tulpini fragede

Directii:

a) Preîncălziți cuptorul la 400F. Ungeți ușor tava de prăjituri cu ramă cu ulei.

b) Puneți jalapeños, ceai verde, ghimbir, usturoi, garam masala, sucul de lămâie, chimen, cayenne și coriandru într-un robot de bucătărie până se omogenizează.

c) Transferați amestecul într-un bol mare. Adăugați carnea de vită, iaurtul și oul. Asezonați după dorință. Folosiți-vă mâinile pentru a amesteca până când amestecul devine lipicios, oarecum așa cum este cârnații.

d) Rulați amestecul de carne de vită în bile de mărimea unei mingi de golf. Puneți pe o foaie de biscuiți și lăsați un centimetru între ele. Stropiți cu ulei suplimentar. Coaceți timp de 20 până la 25 de minute, până când sunt fierte și rumenite deasupra.

e) Încinge uleiul într-o oală mare la foc mediu. Adăugați ceapa, ghimbirul și usturoiul. Amestecați des în timp ce gătiți timp de 8 până la 10 minute, până când ceapa devine translucidă și începe să se rumenească.

f) Se amestecă pudra de curry, ardei iute, turmeric, chimen, boabe de piper și coriandru. Amestecați des în timp ce gătiți timp de 2-3 minute, până când amestecul devine parfumat și condimentele încep să se lipească de oală.

g) Adaugati 2 cani de apa, 1 lingura de sare si frunza de dafin. Se intoarce la fiert. Reduceți nivelul de căldură. Se fierbe timp de 25 până la 30 de minute, până când aromele se topesc.

h) Lăsați sosul să se răcească puțin. Se transferă în robotul de bucătărie și se amestecă până la omogenizare. Transferați sosul înapoi în oală.

i) Se amestecă cayenne și sucul de lămâie. Asezonați după dorință.

j) Se cuibără ușor chiftelele fierte în sos. Aduceți la fiert. Gătiți timp de 10 până la 15 minute, până când chiftelele s-au fiert complet. Acoperiți cu coriandru și serviți .

59. Curry de legume Massaman

Face 4-6 portii

Ingrediente:

- 1 lingura ulei
- 1 lingurita seminte de coriandru
- 1 lingurita de seminte de chimen
- 8 cuișoare
- 1 lingurita de seminte de fenicul
- 4 seminte de cardamom
- 6 șalote asiatice roșii, tocate
- 3 catei de usturoi, tocati
- 1 lingurita lemongrass, tocata marunt
- 1 lingurita galangal, tocata marunt
- 4 ardei iute roșu lung și uscat
- 1 lingurita nucsoara macinata
- 1 lingurita piper alb macinat
- 1 lingura ulei
- 250 g (9 oz) ceapă pentru pui
- 500 g (1 lb 2 oz) cartofi noi pentru copii

- 300 g (10½ oz) morcovi pentru copii, tăiați în bucăți de 3 cm (1¼ in)
- 225 g (8 oz) de ciuperci, întregi
- 1 baton de scortisoara
- 1 frunză de tei kaffir
- 1 frunză de dafin
- 250 ml (9 oz/1 cană) cremă de nucă de cocos
- 1 lingura suc de lamaie
- 3 lingurițe de zahăr de palmier ras (jaggery)
- 1 lingura busuioc thailandez tocat marunt
- 1 lingură alune prăjite zdrobite

Directii:

a) Se incinge uleiul intr-o tigaie la foc mic, se adauga semintele de coriandru, semintele de chimen,

b) cuișoare, semințe de fenicul și semințe de cardamom și gătiți timp de 1-2 minute sau până când sunt parfumate.

c) Puneți condimentele cu ingredientele rămase pentru pastă de curry într-un robot de bucătărie sau într-un mojar cu un pistil și procesați sau bateți până la o pastă netedă. Adăugați puțină apă dacă este prea groasă.

d) Se încălzește uleiul într-o cratiță mare, se adaugă pasta de curry și se gătește, amestecând, la foc mediu timp de 2 minute sau până când este parfumată.

e) Adăugați legumele, batonul de scorțișoară, frunza de tei, foaia de dafin și suficientă apă cât să acopere (aproximativ 500 ml/17 oz/2 căni) și aduceți la fierbere. Reduceți focul și fierbeți, acoperit, amestecând des, timp de 30-35 de minute, sau până când legumele sunt fierte.

f) Se amestecă crema de cocos și se fierbe, neacoperit, timp de 4 minute, amestecând des, până se îngroașă ușor. Se amestecă sucul de lămâie, zahărul de palmier și busuiocul tocat. Adăugați puțină apă dacă sosul este prea uscat. Acoperiți cu alune și frunze de busuioc.

60. Carne de vită thailandeză și curry de arahide

Face 4-6 portii

Ingrediente:

- 8-10 ardei iute roșu lung și uscat
- 6 șalote asiatice roșii, tocate
- 6 catei de usturoi
- 1 lingurita coriandru macinat
- 1 lingura chimen macinat
- 1 lingurita piper alb macinat
- 2 tulpini de lemongrass, doar partea albă, feliate
- 1 lingura galangal tocat
- 6 rădăcini de coriandru
- 2 lingurite pasta de creveti
- 2 linguri alune prăjite
- ulei de arahide, dacă este necesar
- 400 ml (14 oz) cremă de nucă de cocos (nu agitați tava)
- 1 kg (2 lb 4 oz) friptură rotundă sau cu lamă, feliată subțire
- 400 ml (14 oz) lapte de cocos

- 4 frunze de tei kaffir
- 90 g (3¼ oz/1/3 cană) unt de arahide crocant
- 3 linguri suc de lamaie
- 2½ linguri sos de peste
- 2½ linguri de zahăr de palmier ras
- Busuioc thailandez, de servit (optional)
- 1 lingura alune prajite tocate, pentru a servi (optional)

Directii:

a) Înmuiați ardeii iute în apă clocotită timp de 5 minute sau până când se înmoaie. Scoateți tulpina și semințele, apoi tăiați.

b) Puneți ardeii iute și ingredientele rămase din pasta de curry într-un robot de bucătărie sau într-un mojar cu un pistil și procesați sau bateți până la o pastă netedă. Adăugați puțin ulei de arahide dacă este prea gros.

c) Puneți crema groasă de nucă de cocos din partea de sus a formei într-o cratiță, aduceți la fiert rapid la foc mediu, amestecând ocazional și gătiți timp de 5-10 minute sau până când amestecul se desparte.

d) Adăugați 6-8 linguri de pastă de curry și gătiți, amestecând, timp de 5-10 minute sau până când este parfumat.

e) Adăugați carnea de vită, crema de cocos rămasă, laptele de cocos, frunzele de lime kaffir și untul de arahide și gătiți timp de 8 minute sau până când carnea de vită începe să își schimbe culoarea.

f) Reduceți focul și fierbeți timp de 1 oră, sau până când carnea de vită este fragedă. Se amestecă sucul de lămâie, sosul de pește și zahărul de palmier și se transferă într-un vas de servire.

g) Ornați cu frunze de busuioc și alune în plus, dacă doriți.

61. Curry thailandez roșu de vită și vinete

Face 4 portii

Ingrediente:

- 500 g (1 lb 2 oz) friptură rotundă sau în partea de sus
- 250 ml (9 oz/1 cană) cremă de nucă de cocos (nu agitați tava)
- 2 linguri pasta de curry rosu gata preparata
- 2 linguri sos de peste
- 1 lingură zahăr de palmier ras (jaggery)
- 5 frunze de tei kaffir, tăiate la jumătate
- 500 ml (17 oz/2 căni) lapte de cocos
- 8 vinete thailandeze de mere (vinete), tăiate la jumătate
- 1 mână mică de busuioc thailandez, mărunțit mărunt

Directii:

a) Tăiați carnea în bucăți de 5 cm (2 inchi), apoi tăiați-le peste bob la un unghi de 45 de grade în felii groase de 5 mm ($\frac{1}{4}$ inchi).

b) Puneți crema groasă de nucă de cocos din partea de sus a formei într-o cratiță, aduceți la fiert rapid la foc mediu, amestecând ocazional și gătiți timp de 5-10 minute sau până când amestecul „se desparte" (uleiul începe să se separe).

c) Adăugați pasta de curry și fierbeți la foc mic, amestecând pentru a nu se lipi de fund, timp de 5 minute sau până când este parfumat.

d) Adăugați carnea și gătiți, amestecând, timp de 3-5 minute sau până când își schimbă culoarea. Adăugați sosul de pește, zahărul de palmier, frunzele de lime kaffir, laptele de cocos și crema de cocos rămasă și fierbeți timp de 1 oră, sau până când carnea este fragedă și sosul s-a îngroșat puțin.

e) Adăugați vinetele și gătiți timp de 10 minute sau până când se înmoaie. Dacă sosul este prea gros, adăugați puțină apă. Se amestecă frunzele de busuioc și se servesc.

62. Curry de vită Massaman

Face 4 portii

Ingrediente:

- 1 lingura pulpa de tamarind
- 2 linguri ulei
- 750 g (1 lb 10 oz) carne slabă de vită tocană, tăiată cubulețe
- 500 ml (17 oz/2 căni) lapte de cocos
- 4 păstăi de cardamom, învineţite
- 500 ml (17 oz/2 cesti) crema de nuca de cocos conservata
- 2-3 linguri de pasta de curry Massaman gata preparată
- 8 pui de ceapă
- 8 cartofi mari, tăiaţi în jumătate
- 2 linguri sos de peste
- 2 linguri zahăr de palmier ras
- 70 g (2½ oz/½ cană) alune măcinate prăjite, nesărate
- frunze de coriandru, de servit

Directii:

a) Puneți pulpa de tamarind și 125 ml (4 oz/½ cană) apă clocotită într-un castron și lăsați deoparte să se răcească. Când se răcește, pasează pulpa pentru a se dizolva în apă, apoi strecoară și rezervă lichidul. Aruncați pulpa.

b) Încinge uleiul într-un wok sau într-o cratiță mare și gătește carnea de vită în reprize la foc mare timp de 5 minute sau până se rumenește.

c) Reduceți focul și adăugați laptele de cocos și cardamomul și fierbeți timp de 1 oră, sau până când carnea de vită este fragedă. Scoateți carnea de vită, strecurați și rezervați carnea de vită și lichidul de gătit.

d) Puneți crema groasă de nucă de cocos din partea de sus a formelor într-o cratiță, aduceți la fiert rapid la foc mediu, amestecând ocazional și gătiți timp de 5-10 minute sau până când amestecul „se desparte" (uleiul începe să se separe).

e) Adăugați pasta de curry și gătiți timp de 5 minute, sau până când devine aromată.

f) Adăugați ceapa, cartofii, sosul de pește, zahărul de palmier, alunele, carnea de vită, lichidul de gătit rezervat și lichidul de tamarin și fierbeți timp de 25-30 de minute. Se ornează cu frunze proaspete de coriandru.

63. Curry de vita cu ardei

Face 6 portii

Ingrediente:

- 1 lingura seminte de coriandru
- 2 lingurițe de semințe de chimen
- 1 lingurita de seminte de fenicul
- 1 lingura boabe de piper negru
- 3 linguri ulei
- 1 kg (2 lb 4 oz) carne de vită, tăiată cubulețe
- 2 cepe, tăiate mărunt
- 2 catei de usturoi, macinati
- 3 lingurite de ghimbir ras fin
- 1 ardei iute roșu fără semințe, tocat mărunt
- 8 frunze de curry
- 1 tulpină de lemongrass, doar partea albă, tocată mărunt
- 2 linguri suc de lamaie
- 250 ml (9 oz/1 cană) lapte de cocos
- 250 ml (9 oz/1 cană) supă de vită

Directii:

a) Prăjiți semințele de coriandru, semințele de chimen, semințele de fenicul și boabele de piper negru într-o tigaie la foc mediu-înalt timp de 2-3 minute sau până când sunt parfumate. Se lasa sa se raceasca. Folosind un mojar cu un pistil sau o râșniță de condimente, zdrobiți sau măcinați până la o pulbere.

b) Într-o cratiță cu bază grea, încălziți uleiul la foc mare, rumeniți carnea de vită în reprize și lăsați-o deoparte.

c) Reduceți căldura la mediu, adăugați ceapa, usturoiul, ghimbirul, ardeiul iute, frunzele de curry și lemongrass și gătiți timp de 5-6 minute sau până se înmoaie. Adăugați condimentele măcinate și gătiți încă 3 minute.

d) Puneți carnea de vită înapoi în tigaie și amestecați bine pentru a acoperi condimentele. Adăugați sucul de lămâie, laptele de cocos și supa de vită și aduceți la fierbere.

e) Reduceți focul la mic, acoperiți și gătiți timp de 2 ore și jumătate sau până când carnea de vită este foarte fragedă și sosul este redus. În timp ce gătiți, îndepărtați uleiul care iese la suprafață și aruncați-l.

64. Rendang de vită

Face 6 portii

Ingrediente:

- Mandrină de vită de 1,5 kg (3 lb 5 oz).
- 2 cepe, tocate grosier
- 2 catei de usturoi, macinati
- 400 ml (14 oz) lapte de cocos
- 2 lingurite coriandru macinat
- 1 lingurita fenicul macinat
- 2 lingurite chimen macinat
- $\frac{1}{4}$ linguriță cuișoare măcinate
- 4-6 ardei iute roșii, tocați
- 1 lingura suc de lamaie
- 1 tulpină de iarbă de lămâie, numai partea albă, tăiată pe lungime
- 2 lingurițe zahăr de palmier ras (jaggery)

Directii:

a) Tăiați carnea de orice exces de grăsime sau tendoane și tăiați-o în cuburi de 3 cm ($1\frac{1}{4}$ in).

Pune ceapa și usturoiul într-un robot de bucătărie sau într-un mojar cu un pistil și procesează sau bate până la o pastă netedă.

b) Puneți laptele de cocos într-o cratiță mare și aduceți la fierbere, apoi reduceți focul la mediu și gătiți, amestecând din când în când, timp de 15 minute, sau până când laptele s-a redus la jumătate și uleiul s-a separat. Nu lăsați laptele să se rumenească.

c) Adăugați coriandru, fenicul, chimen și cuișoare în tigaie și amestecați timp de 1 minut. Adăugați carnea și gătiți timp de 2 minute sau până își schimbă culoarea. Adăugați amestecul de ceapă, ardei iute, sucul de lămâie, iarbă de lămâie și zahăr.

d) Se fierbe, acoperit, la foc mediu, timp de 2 ore, sau până când lichidul s-a redus și amestecul s-a îngroșat. Amestecați des pentru a nu se lipi de fundul cratiței.

e) Descoperiți și continuați să gătiți până când uleiul din laptele de cocos începe să iasă din nou, lăsând curry-ul să dezvolte culoare și aromă.

65. Curry de vită și semințe de muștar

Face 6 portii

Ingrediente:

- 3 linguri ulei
- 2 linguri de seminte de mustar brun
- 4 ardei iute roșu uscat
- 1 lingură mazăre galbenă despicată
- 200 g (7 oz) șalotă franțuzească mărunt, feliată
- 8 catei de usturoi, macinati
- 1 lingura ghimbir ras fin
- 15 frunze de curry
- $\frac{1}{2}$ linguriță de turmeric măcinat
- 420 g (15 oz) roșii tăiate la conserva
- 1 kg (2 lb 4 oz) carne de vită, tăiată cubulețe
- 435 ml (15$\frac{1}{2}$ oz/1$\frac{3}{4}$ cesti) supa de vita

Directii:

a)   Pune uleiul intr-o cratita cu baza grea la foc mediu, adauga semintele de mustar, ardei iute si mazarea despicata. De îndată ce semințele de muștar încep să apară, adăugați eșalota, usturoiul, ghimbirul, frunzele de curry și turmericul. Gatiti 5 minute, apoi adaugati rosiile, carnea de vita si supa.

b) Se aduce la fierbere apoi se reduce la fiert, se acoperă și se fierbe timp de 2 ore, sau până când carnea de vită este foarte fragedă și sosul este redus. În timp ce gătiți, îndepărtați uleiul care iese la suprafață și aruncați-l.

66. Biluțe de vită și usturoi murat

Face 4 portii

Ingrediente:

- 450 g (1 lb) carne de vită tocată (măcinată).
- 3 catei de usturoi, macinati
- 1 lingurita piper alb
- 1 mână mică de frunze de coriandru, tocate
- 1 mână mică busuioc thailandez, tocat
- 1 ceapă primăvară (ceapă), tocată mărunt
- 3 lingurite sos de peste
- 1 ou
- 3 linguri ulei
- 3 linguri pasta de curry verde gata preparata
- 3 linguri de ghimbir tocat fin
- 1½ linguriță de turmeric măcinat
- 3 linguri sos de peste
- 3 frunze de tei kaffir
- 2½ linguri piure de tamarind
- 3 linguri de usturoi murat tocat

- 1½ linguriță zahăr de palmier ras

Directii:

a) Pentru a face chiftelele, combinați bine toate ingredientele. Apoi, luând câte o lingură, rulați amestecul în bile mici. Ar trebui să aveți aproximativ 24 de bile.

b) Se încălzește uleiul într-o cratiță cu bază grea la foc mediu și se adaugă pasta de curry, ghimbirul și turmeric și se gătesc, amestecând frecvent, timp de aproximativ 5 minute, sau până se parfumează.

c) Adăugați sosul de pește, frunzele de lime kaffir și tamarindul. Se aduce la fierbere, apoi se acopera, se reduce la fiert si se fierbe 5 minute.

d) Adăugați chiftelele, usturoiul murat și zahărul de palmier și fierbeți timp de 15 minute sau până când chiftelele sunt fierte.

67. Curry cu busuioc, vita si piper

Face 4 portii

Ingrediente:

- 2 linguri de ghimbir ras
- 2 catei de usturoi, macinati
- 500 g (1 lb 2 oz) crupă sau friptură rotundă
- 250 ml (9 oz/1 cană) cremă de nucă de cocos
- 1 lingură pastă de curry galben gata preparată
- 80 ml (2½ oz/1/3 cană) sos de pește
- 60 g (2¼ oz/1/3 cană) zahăr de palmier ras
- 2 tulpini de iarba de lamaie, doar partea alba, tocate marunt
- 1 felie groasă de galangal
- 4 frunze de tei kaffir
- 2 roșii, tăiate cubulețe de 2 cm (¾ in).
- 400 g (14 oz) bucăți de bambus conservate, scurse, tăiate în bucăți mici
- 25 g (1 oz) boabe de piper verde murat thailandez, pe tulpină
- 2 linguri piure de tamarind

- 1 mână mare busuioc thailandez, tocat

Directii:

a) Zdrobiți ghimbirul și usturoiul până la o pulpă aspră într-un mojar cu un pistil sau un robot de bucătărie. Tăiați carnea în fâșii de 5 cm x 2 m (2 in x ¾ in) și 3 mm (1/8 in) grosime.

b) Se amestecă pasta de ghimbir și usturoi împreună cu carnea de vită și se lasă la marinat timp de 30 de minute.

c) Aduceți jumătate din crema de cocos la fierbere într-o caserolă cu bază grea, la foc mediu, apoi reduceți la fiert. Se amestecă pasta de curry galben și se fierbe timp de 3-5 minute. Adăugați sosul de pește și zahărul de palmier și amestecați până se dizolvă zahărul.

d) Creșteți căldura la mare, adăugați ingredientele rămase și 375 ml (13 oz/1½ cani) de apă și aduceți curry-ul la fierbere, apoi reduceți la fiert și gătiți neacoperit timp de 1–1¼ oră sau până când carnea de vită este fragedă.

e) Verificați condimentul și corectați adăugând suplimentar sos de pește sau zahăr de palmier dacă este necesar. Amestecați crema de cocos rămasă și serviți imediat.

CURRY DE MIEL

68. Dhansak de miel

Face 6 portii

Ingrediente:

- 100 g (3½ oz/¾ cană) linte galbenă
- 2 lingurițe de fasole mung galbenă uscată
- 2 linguri de năut uscat
- 3 linguri de linte rosie
- 1 vinete nedecojite (vinete)
- 150 g (5½ oz) de dovleac nedecojit
- 2 linguri ghee sau ulei
- 1 ceapa, tocata marunt
- 3 catei de usturoi, macinati
- 1 lingura de ghimbir ras
- 1 kg (2 lb 4 oz) pulpă dezosată sau umăr de miel, tăiate în cuburi de 3 cm (1¼ in)
- 1 baton de scortisoara
- 5 păstăi de cardamom, învinețite
- 3 cuișoare
- 1 lingura coriandru macinat

- 1 lingurita turmeric macinat

- 1 lingurita praf de chilli, sau dupa gust

- 150 g (5½ oz) frunze de amarant sau spanac englezesc, tăiate în lungimi de 5 cm (2 inchi)

- 2 roșii, tăiate la jumătate

- 2 ardei iute verzi lungi, fără semințe, despicați pe lungime

- 3 linguri suc de lamaie

Directii:

a) Înmuiați lintea galbenă, fasolea mung galbenă și năutul în apă pentru aproximativ 2 ore, apoi scurgeți bine.

b) Pune toate cele patru tipuri de impulsuri într-o cratiță, adaugă 1 litru (35 oz/4 căni) de apă, acoperă și aduce la fierbere.

c) Descoperiți și fierbeți timp de 15 minute, îndepărtând orice reziduu care se formează la suprafață și amestecând ocazional pentru a vă asigura că toate legumele se gătesc în același ritm și sunt moi. Scurgeți legumele și pasați ușor până la o textură similară.

d) Gatiti vinetele si dovleacul in apa clocotita timp de 10-15 minute sau pana se inmoaie. Scoateți pulpa de dovleac și tăiați-o în bucăți. Vinetele se curăță cu grijă (poate fi foarte pulpos) și se taie pulpa în bucăți mici.

e) Se încălzește ghee-ul sau uleiul într-o cratiță sau karahi și se prăjește ceapa, usturoiul și ghimbirul timp de 5 minute sau până când se rumenesc ușor și se înmoaie. Se adaugă mielul și se rumenește timp de 10 minute, sau până devine aromat.

f) Adăugați scorțișoară, păstăile de cardamom, cuișoare, coriandru, turmeric și praf de ardei iute și prăjiți timp de 5 minute pentru a permite aromelor să se dezvolte. Adăugați 170 ml (5½ oz/n cană) de apă, acoperiți și fierbeți timp de 40 de minute sau până când mielul este fraged.

g) Adăugați în tigaie piureul de linte și toate legumele fierte și crude.

h) Adăugați zeama de lămâie și fierbeți timp de 15 minute (dacă sosul este prea gros, adăugați puțină apă). Se amestecă bine, apoi se verifică condimentele. Dhansak-ul ar trebui să fie aromat, aromat, acru și picant.

69. Curry de miel și cartofi

Face 6 portii

Ingrediente:

- 6 catei de usturoi tocati
- 3 linguri de pudră de curry
- 2 linguri de rădăcină de ghimbir proaspătă, tocată
- 2 lingurițe de amestec de condimente garam masala
- 1 lingurita de boia de ardei, afumata
- 1 lingurita de cimbru, uscat
- 1 lingurita de coriandru, macinat
- 1 & 1/2 linguriță de sare, cușer
- 1 lingurita de piper, macinat
- 1/4 linguriță de chimen, măcinat
- 1 lingura ulei, masline
- 1 lingurita de pudra de chili
- 2 lbs. de cotlete de miel pentru omoplat
- 4 x 1/2"-cuburi roșii, cartofi medii

- 1 x 15 oz. conserve de roșii nescurcate, tăiate cubulețe

- 1 cană de supă de pui, cu conținut scăzut de sodiu

- 1 ceapa mica tocata

- Opțional: orez brun fiert, fierbinte, pentru servire

Directii:

a) Pe larg pungă de mâncare, combinați 1 lingură de pudră de curry cu 3 căței de usturoi, 1 lingură de ghimbir, 1 linguriță de amestec de condimente garam masala, boia de ardei, cimbru, pudră de chili, 1/2 linguriță fiecare de sare cușer, piper și coriandru măcinat, măcinat chimen și ulei.

b) Adăugați cotletele de miel în pungă. Sigilați punga și acoperiți cotletele rotind punga. Se da la frigider pentru 8 ore.

c) Puneți bucățile de cartofi într-un aragaz lent. Adăugați mielul.

d) Puneți bulionul, roșiile, ceapa și restul de usturoi și condimente în robotul de bucătărie. Se acopera si se proceseaza pana se omogenizeaza bine.

e) Turnați amestecul de roșii peste miel și cartofi tăiați cubulețe. Acoperiți aragazul lent. Gătiți până când carnea devine fragedă, 4 până la 5 ore. Scoateți carnea de pe oase și aruncați oasele.

f) Tocați carnea folosind 2 furculițe. Strecurați sucul de gătit și rezervați cartofii. Îndepărtați orice grăsime din suc. Puneți mielul, cartofii rezervați și sucul de gătit în aragazul lent și încălziți complet. Serviți peste orez, dacă doriți.

70. Trujă de miel și curry cu iaurt

Face 6 portii

Ingrediente:

- 3 linguri de seminte de coriandru
- 2 lingurițe de seminţe de chimen
- 1 lingurita cuisoare
- 1 lingurita boabe de piper negru
- 1 lingurita piper cayenne
- 1 lingurita turmeric macinat
- 2 linguri de ghimbir tocat
- 6 catei de usturoi, tocati
- 1 ceapa mica, tocata
- 2 linguri ghee sau ulei
- 6 cioburi de miel
- 3 batoane de scortisoara
- 2 foi de dafin
- 375 g (13 oz/1½ cani) iaurt simplu
- 625 ml (21½ oz/2½ căni) bulion de pui
- Preîncălziți cuptorul la 160°C (315°F/gaz 2-3).

Directii:

a) Uscat - prăjiți semințele de coriandru, semințele de chimen, cuișoarele, boabele de piper, ardeiul cayenne și turmericul măcinat într-o tigaie la foc mediu-înalt timp de 2-3 minute sau până când sunt parfumate. Se lasa sa se raceasca. Folosind un mojar cu un pistil sau o râșniță de condimente, zdrobiți sau măcinați până la o pulbere.

b) Pune condimentele măcinate cu ghimbirul, usturoiul, ceapa și 3 linguri de apă într-un robot de bucătărie sau într-un mojar cu un pistil și procesează sau bate până la o pastă netedă.

c) Într-o tigaie mare cu bază grea, încălziți ghee-ul sau uleiul la foc mediu-înalt și rumeniți coapsele în loturi și lăsați deoparte. Reduceți căldura la minim. Adăugați pasta de condimente de ghimbir în tigaie și gătiți timp de 5-8 minute.

d) Adăugați în tigaie scorțișoara, foile de dafin și iaurtul, câte o lingură, amestecând bine, astfel încât să se încorporeze fin. Adăugați bulionul de pui și amestecați bine pentru a se combina.

e) Puneți coapsele într-un vas mare rezistent la cuptor, care le va potrivi într-un singur strat, apoi turnați sosul de iaurt peste vârful coapselor.

Întoarceți coapsele astfel încât să fie acoperite cu sos și acoperiți cu un capac sau folie.

f) Coaceți la cuptor pentru aproximativ 3 ore, sau până când mielul cade din os, răsturnând coapsele la jumătatea gătitului. Când scoateți din cuptor, îndepărtați uleiul care iese la suprafață și aruncați-l.

g) Scoateți coapsele din sos pe un platou de servire. Se condimentează bine sosul după gust, amestecând pentru a se amesteca înainte de a pune cu lingura peste coajă.

71. Korma de miel

Face 4 portii

Ingrediente:

- 1 kg (2 lb 4 oz) pulpă de miel
- 1 ceapa, tocata, plus 1 ceapa, feliata
- 2 lingurite de ghimbir ras
- 4 catei de usturoi
- 2 lingurite coriandru macinat
- 2 lingurite chimen macinat
- 1 lingurita de seminte de cardamom
- 1 lingurita cuisoare
- 1 lingurita scortisoara macinata
- 3 ardei iute verzi lungi, fără semințe, tocate
- 2 linguri ghee sau ulei
- 2½ linguri de pasta de tomate
- 125 g (4½ oz/½ cană) iaurt simplu
- 125 ml (4 oz/½ cană) cremă de nucă de cocos
- 50 g (1¾ oz/½ cană) migdale măcinate
- migdale felii prăjite, de servit

Directii:

a) Tăiați excesul de grăsime sau tendoanele de miel, tăiați-le în cuburi de 3 cm (1¼ in) și puneți într-un castron mare.

b) Puneți ceapa tocate, ghimbirul, usturoiul, coriandru, chimion, semințele de cardamom, cuișoarele, scorțișoara, ardeiul iute și ½ linguriță de sare într-un robot de bucătărie sau într-un mojar cu un pistil și procesați sau bateți până la o pastă netedă.

c) Adăugați pasta de condimente la miel și amestecați bine pentru a se îmbrăca. Se lasa la marinat 1 ora.

d) Se încălzește ghee-ul sau uleiul într-o cratiță mare, se adaugă ceapa tăiată felii și se gătește, amestecând, la foc mic timp de 7 minute sau până când ceapa este moale.

e) Creșteți focul la mediu-mare și adăugați amestecul de miel și gătiți, amestecând constant, timp de 8-10 minute sau până când mielul își schimbă culoarea.

f) Se amestecă pasta de roșii, iaurtul, crema de cocos și migdalele măcinate. Reduceți focul și fierbeți, acoperit, amestecând din când în când, timp de aproximativ 1 oră, sau până când carnea este foarte fragedă. Adăugați puțină apă dacă amestecul devine prea uscat.

g) Se condimenteaza bine cu sare si piper si se serveste garnisita cu migdale taiate.

72. Mielul Rogan josh

Face 6 portii

Ingrediente:

- 8 catei de usturoi, macinati
- 3 lingurite de ghimbir ras
- 2 lingurite chimen macinat
- 1 lingurita praf de chilli
- 2 lingurite boia
- 2 lingurite coriandru macinat
- 1 kg (2 lb 4 oz) pulpă dezosată sau umăr de miel, tăiate în cuburi de 3 cm (1¼ in)
- 3 linguri ghee sau ulei
- 1 ceapa, tocata marunt
- 6 păstăi de cardamom, învinețite
- 4 cuișoare
- 2 frunze de dafin indian (cassia).
- 1 baton de scortisoara
- 185 g (6½ oz/¾ cană) iaurt în stil grecesc
- 4 fire de sofran, amestecate cu 2 linguri de lapte

- ¼ linguriță garam masala

Directii:

a) Amestecați usturoiul, ghimbirul, chimenul, pudra de ardei iute, boia de ardei și coriandru într-un castron mare. Adăugați carnea și amestecați bine pentru a se acoperi. Acoperiți și marinați timp de cel puțin 2 ore, sau peste noapte, la frigider.

b) Încingeți ghee-ul sau uleiul într-o caserolă ignifugă sau karahi la foc mic. Adăugați ceapa și gătiți aproximativ 10 minute, sau până când ceapa se rumenește ușor. Scoateți din farfurie.

c) Adăugați păstăile de cardamom, cuișoarele, foile de dafin și scorțișoara în farfurie și prăjiți timp de 1 minut.

d) Dați focul la mare, adăugați carnea și ceapa, apoi amestecați bine și prăjiți timp de 2 minute. Se amestecă bine, apoi se reduce focul la mic, se acoperă și se fierbe timp de 15 minute.

e) Descoperiți și prăjiți încă 3-5 minute, sau până când carnea este destul de uscată. Adăugați 100 ml (3½ oz) de apă, acoperiți și gătiți timp de 5-7 minute, până când apa se evaporă și uleiul se separă și plutește la suprafață.

f) Prăjiți carnea pentru încă 1-2 minute, apoi adăugați 250 ml (9 oz/1 cană) apă. Acoperiți și gătiți timp de 40-50 de minute, fierbând ușor până când carnea este fragedă. Lichidul se va reduce destul de mult.

g) Se amestecă iaurtul când carnea este aproape fragedă, având grijă să nu se prindă carnea pe baza vasului. Se adauga sofranul si laptele. Amestecați amestecul de câteva ori pentru a se amesteca cu șofranul. Asezonați cu sare după gust.

h) Luați de pe foc și stropiți cu garam masala.

73. Miel in stil balti

Face 4 portii

Ingrediente:

- 1 kg (2 lb 4 oz) fripturi pulpe de miel, tăiate în cuburi de 3 cm (1¼ in)

- 2 linguri pasta de balti masala gata preparata

- 2 linguri ghee sau ulei

- 3 catei de usturoi, macinati

- 1 lingura garam masala

- 1 ceapa mare, tocata marunt

- 2 linguri de frunze de coriandru tocate, plus plus pentru ornat

Directii:

a) Preîncălziți cuptorul la 190°C (375°F/gaz 5). Puneți carnea, 1 lingură de pastă de balti masala și 375 ml (13 oz/1½ cani) de apă clocotită într-o caserolă mare sau karahi și amestecați. Gătiți, acoperit, la cuptor timp de 30-40 de minute, sau până aproape fiert. Scurgeți, rezervând stocul.

b) Se încălzește ghee-ul sau uleiul într-un wok, se adaugă usturoiul și garam masala și se prăjesc la foc mediu timp de 1 minut. Adăugați ceapa și gătiți timp de 5-7 minute sau până când ceapa este moale și aurie.

c) Mareste focul, adauga pasta de balti masala ramasa si mielul. Gatiti 5 minute pentru a rumeni carnea. Adăugați încet bulionul rezervat și fierbeți la foc mic, amestecând din când în când, timp de 15 minute.

d) Adăugați frunzele de coriandru tocate și 185 ml (6 oz/¾ cană) de apă și fierbeți timp de 15 minute, sau până când carnea este fragedă și sosul s-a îngroșat ușor.

e) Se condimentează cu sare și piper negru proaspăt măcinat și se ornează cu un plus de frunze de coriandru.

74. Miel acru și curry de bambus

Face 4 portii

Ingrediente:

- 1 lingurita boabe de piper alb
- 1 lingurita pasta de creveti
- 30 g (1 oz) de creveți uscați
- 6 cepe de primăvară (cepe), tăiate felii
- 60 g (2¼ oz) de ardei iute jalapeño felii
- 2 tulpini de lemongrass, doar partea albă, feliate subțiri
- 6 catei de usturoi, macinati
- 4 rădăcini de coriandru, tocate
- 2 lingurițe galangal măcinat
- 1 lingurita praf de chilli
- 80 ml (2½ oz/1/3 cană) sos de pește
- 80 ml (2½ oz/1/3 cană) suc de lămâie
- 1 lingurita turmeric macinat
- 500 g (1 lb 2 oz) pulpă de miel dezosată, tăiată din excesul de fa
- 1 lingura ulei

- 1 lingură zahăr de palmier ras (jaggery)
- 250 ml (9 oz/1 cană) cremă de nucă de cocos
- 60 g (2¼ oz/¼ cană) piure de tamarind
- 1½ lingurita sos de peste
- 400 g (14 oz) bucăți de lăstari de bambus, tăiate în felii groase
- 200 g (7 oz) fasole verde, tăiată în lungimi de 4 cm (1½ inchi).

Directii:

a) Uscat - prăjiți boabele de piper și pasta de creveți învelite în niște folie într-o tigaie la foc mediu-înalt timp de 2-3 minute, sau până când sunt parfumate. Se lasa sa se raceasca. Folosind un mojar cu un pistil sau o râșniță de condimente, zdrobiți sau măcinați până la o pulbere.

b) Procesați creveții uscați într-un robot de bucătărie până când devin mărunțiți foarte fin - formând o „ață dentară".

c) Puneți boabele de piper zdrobite, pasta de creveți și creveții uscați cu ingredientele rămase din pasta de curry într-un robot de bucătărie sau într-un mojar cu un pistil și procesați sau pisați până la o pastă netedă.

d) Tăiați mielul în fâșii de 5 cm x 2 cm (2 in x ¾ in) și 3 mm (1/8 in) grosime. Încălziți uleiul într-o cratiță cu bază groasă la foc mediu și adăugați 2-3 linguri de pastă. Se amestecă constant, adăugând zahărul de palmier. Când zahărul de palmier s-a dizolvat adăugați mielul, amestecând aproximativ 7 minute, sau până devine ușor auriu.

e) Adăugați crema de nucă de cocos, 250 ml (9 oz/1 cană) apă, tamarindul, sosul de pește și bambusul. Se aduce la fierbere, apoi se reduce focul și se fierbe timp de aproximativ 20 de minute, sau până când se înmoaie.

f) Adăugați fasolea și fierbeți încă 3 minute. Asezonați după gust și serviți.

75. miel coriandru

Face 6 portii

Ingrediente:

- 1½ linguriță de ghimbir tocat
- 2½ linguri suc de lamaie
- 1 kg (2 lb 4 oz) pulpă sau umăr de miel, tăiate cubulețe
- 1½ linguriță de semințe de coriandru
- 1 lingurita boabe de piper negru
- 2 rosii, tocate
- 2 lingurite pasta de rosii
- 3 ardei iute verzi lungi, fără semințe, tocate
- 1 mână de tulpini și rădăcini de coriandru, tăiate grosier
- 3 linguri ulei
- 250 ml (9 oz/1 cană) supă de pui
- 2 linguri iaurt simplu
- 1 mână mare de frunze de coriandru, tocate mărunt, pentru a servi

Directii:

a) Puneți usturoiul, ghimbirul, sucul de lămâie și suficientă apă pentru a forma o pastă într-un robot de bucătărie sau într-un mojar cu un pistil și procesați sau bateți până la o pastă netedă.

b) Pune mielul într-un castron nemetalic, adaugă pasta de usturoi și amestecă bine pentru a se combina. Se acopera si se da la frigider pentru 2 ore.

c) Prăjiți semințele de coriandru și boabele de piper într-o tigaie la foc mediu-înalt timp de 2-3 minute sau pana când sunt parfumate. Se lasa sa se raceasca. Folosind un mojar cu un pistil sau o râșniță de condimente, zdrobiți sau măcinați până la o pulbere.

d) Puneți condimentele măcinate, roșiile, pasta de roșii, ardeii iute și tulpinile și rădăcinile de coriandru într-un robot de bucătărie sau într-un mojar cu un pistil și procesați sau bateți până la o pastă netedă.

e) Încinge uleiul într-o cratiță cu bază grea la foc mediu-înalt. Rumeniți mielul în loturi. Cand tot mielul este gata se intoarce in tigaia cu pasta de ardei iute de rosii si bulionul.

f) Aduceți la fierbere, apoi reduceți la fierbere lent, acoperiți și gătiți timp de 1 oră și jumătate, îndepărtați capacul și gătiți încă 15 minute sau până când mielul este foarte fraged. În timp ce gătiți, îndepărtați uleiul care iese la suprafață și aruncați-l.

g) Se ia de pe foc si se amesteca usor prin iaurt, se orneaza cu frunze de coriandru tocate si se serveste.

76. Curry de miel și spanac

Face 6 portii

Ingrediente:

- 2 lingurițe de semințe de coriandru
- 1½ linguriță de semințe de chimen
- 3 linguri ulei
- 1 kg (2 lb 4 oz) pulpă dezosată sau umăr de miel, tăiată în cuburi de 2,5 cm (1 inch)
- 4 cepe, tocate mărunt
- 2 cuișoare
- păstăi de cardamom
- 1 baton de scortisoara
- 10 boabe de piper negru
- 4 frunze de dafin indian (cassia).
- 3 lingurite garam masala
- ¼ linguriță de turmeric măcinat
- 1 lingurita boia
- 1½ linguriță de ghimbir ras
- 4 catei de usturoi, macinati

- 185 g (6½ oz/¾ cană) iaurt în stil grecesc
- 450 g (1 lb) frunze de amarant sau spanac englezesc, tocate grosier

Directii:

a) Prăjiți semințele de coriandru și chimen într-o tigaie la foc mediu-înalt timp de 2-3 minute sau până când sunt parfumate. Se lasa sa se raceasca. Folosind un mojar cu un pistil sau o râșniță de condimente, zdrobiți sau măcinați până la o pulbere.

b) Încinge uleiul într-o cratiță ignifugă la foc mic și prăjește câteva bucăți de carne pe rând până se rumenește. Scoateți din farfurie.

c) Adăugați mai mult ulei în vas, dacă este necesar, și prăjiți ceapa, cuișoarele, păstăile de cardamom, batonul de scorțișoară, boabele de piper și foile de dafin până când ceapa se rumenește ușor. Adăugați chimenul și coriandru, garam masala, turmericul și boia și prăjiți timp de 30 de secunde.

d) Adăugați carnea, ghimbirul, usturoiul, iaurtul și 425 ml (15 oz) apă și aduceți la fierbere. Reduceți focul la fiert, acoperiți și gătiți timp de 1½-2 ore sau până când carnea este foarte fragedă.

e) În această etapă, cea mai mare parte a apei ar fi trebuit să se evapore. Dacă nu este, scoateți capacul, măriți focul și gătiți până când umezeala s-a evaporat.

f) Gătiți spanacul pentru scurt timp în puțină apă clocotită până când se ofilește, apoi împrospătați în apă rece. Se scurge bine, apoi se toaca marunt. Stoarceți orice apă în plus.

g) Adăugați spanacul la miel și gătiți timp de 3 minute, sau până când spanacul și mielul sunt bine amestecate și orice lichid în plus s-a evaporat.

77. Miel tocat cu portocale

Face 6 portii

Ingrediente:

- 3 linguri ulei
- 2 cepe, tăiate mărunt
- 4 catei de usturoi, macinati
- 3 lingurite de ghimbir ras fin
- 2 lingurite chimen macinat
- 2 lingurite coriandru macinat
- 1 lingurita turmeric macinat
- 1 lingurita piper cayenne
- 1 lingurita garam masala
- 1 kg (2 lb 4 oz) miel tocat (măcinat).
- 90 g (3¼ oz/1/3 cană) iaurt simplu
- 250 ml (9 oz/1 cană) suc de portocale
- 2 lingurite coaja de portocala
- 1 frunză de dafin
- 1 ardei iute verde lung, fără semințe, feliat fin
- 1 mână de frunze de coriandru, tăiate grosier

- 1 mână de mentă, tocată grosier

Directii:

a) Se încălzește uleiul într-o tigaie mare cu bază grea la foc mediu. Adăugați ceapa, usturoiul și ghimbirul și căleți timp de 5 minute. Adăugați chimenul, coriandru, turmericul, ardeiul cayenne și garam masala și gătiți încă 5 minute.

b) Creșteți focul la mare, adăugați carnea tocată de miel și gătiți, amestecând constant pentru a rupe carnea. Adăugați iaurtul, câte o lingură, amestecând astfel încât să se combine bine. Adăugați sucul de portocale, coaja și frunza de dafin.

c) Aduceți la fierbere, apoi reduceți la fiert, acoperiți și gătiți timp de 45 de minute sau până când se înmoaie. În timp ce gătiți, îndepărtați uleiul care iese la suprafață și aruncați-l.

d) Asezonați bine după gust, apoi amestecați prin ardei iute verde, coriandru și mentă înainte de servire.

78. Curry de miel ghinit

Face 6 portii

Ingrediente:

- 1 kg (2 lb 4 oz) umăr de miel, tăiat în cuburi de 2 cm ($\frac{3}{4}$ in)
- 4 cepe, tăiate mărunt
- 3 catei de usturoi, macinati
- 3 lingurite de ghimbir tocat marunt
- 1 lingurita piper cayenne
- 1 lingurita turmeric
- 125 ml (4 oz/$\frac{1}{2}$ cană) supă de pui
- 1 mână de frunze și tulpini de coriandru
- 1 mână de mentă
- 3 ardei iute verzi lungi
- 3 linguri suc de lamaie
- 1 lingurita zahar

Directii:

a) Puneți mielul, ceapa, usturoiul, ghimbirul, cayenne, turmericul și supa de pui într-o cratiță cu bază grea la foc mediu.

b) Aduceți la fiert, reduceți la foc mic, acoperiți și gătiți timp de 2 ore. Îndepărtați suprafața pentru a îndepărta orice ulei și aruncați-o.

c) Puneți frunzele și tulpinile de coriandru, frunzele de mentă, ardeiul iute verde, sucul de lămâie și 2 linguri de lichid de gătit din curry într-un robot de bucătărie sau într-un mojar cu un pistil și procesați sau bateți până la o consistență netedă.

d) Se toarnă în amestecul de miel, se pune din nou pe foc până când readuce la fierbere.

e) Se adauga zaharul, se condimenteaza bine dupa gust si se serveste.

79. Miel rizala

Face 6 portii

Ingrediente:

- 2 cepe, tocate
- 1 lingura de ghimbir ras
- 4 catei de usturoi, macinati
- 1 lingurita scortisoara macinata
- 3 linguri ghee sau ulei
- 1 kg (2 lb 4 oz) umăr de miel, tăiat cubulețe
- 125 g (4½ oz/½ cană) iaurt simplu
- 250 ml (9 oz/1 cană) supă de pui
- 40 g (1½ oz/½ cană) ceapă prăjită crocantă
- 3 ardei iute roșii, fără semințe, feliate fin
- 1 lingura zahar
- 3 linguri suc de lamaie

Directii:

a) Puneți ceapa, ghimbirul, usturoiul, scorțișoara și 3 linguri de apă într-un robot de bucătărie sau

într-un mojar cu un pistil și procesați sau pisați până la o pastă netedă.

b) Se încălzește ghee-ul sau uleiul într-o cratiță cu bază grea la foc mare. Se rumenește mielul în reprize și se pune deoparte.

c) Reduceți focul la mic, adăugați pasta de ceapă și gătiți timp de 5 minute, amestecând continuu. Puneți mielul înapoi în tigaie și amestecați pentru a se combina, adăugați iaurtul câte o lingură, amestecând bine pentru a se încorpora.

d) Adăugați bulionul de pui și ceapa prăjită crocantă. Aduceți la fiert, acoperiți și gătiți la foc mic timp de 2 ore. În timp ce gătiți, îndepărtați uleiul care iese la suprafață și aruncați-l.

e) Când mielul este fraged, adăugați ardeiul iute, zahărul și sucul de lămâie și gătiți încă 5 minute înainte de servire.

CURRY DE PORC

80. Muschiță de porc în curry verde

Face 4 portii

Ingrediente:

Pentru muschiu:

- 1/4 cană de sos de soia, sodiu scăzut
- 2 linguri de suc de portocale, proaspăt
- 1 lingura de sirop de artar, pur
- 1 lingura de ulei de susan, prajit
- 1 x 1 & 1/2-lb. muschiulet de porc
- Sare, cușer, după dorință
- 1 lingură de ulei de sâmburi de struguri

Pentru asamblare și sos:

- 1 lingură + 1/2 cană ulei de sâmburi de struguri
- 1 eșalotă medie, tocată
- 1 catel de usturoi
- 1/4 cană de pastă de curry verde, preparată
- 1 lingurita coaja de lime, rasa fin

- 1 x 14 & 1/2 oz. cutie de lapte de cocos, neindulcit

- 1 lingura de nectar, agave

- 1 lingura de suc de lamaie, proaspat

- 1/4 cană frunze de coriandru + plus pentru servire

- Seminte de dovleac prajite, nesarate

Directii:

a) Pentru a pregăti muschiul, combinați siropul de arțar, sucul de portocale, sosul de soia și uleiul de susan într-o pungă mare pentru alimente. Adăuga

b) muschiul, apoi presați aerul și închideți punga. Întoarceți o dată în timp ce se răceşte timp de 8 până la 12 ore. Apoi scoateți muschiul. Aruncați marinada. Asezonați după dorință.

c) Preîncălziți cuptorul la 250F. Încinge uleiul într-o tigaie mare, rezistentă la cuptor, la foc mediu-mare. Întoarceți muschiul ocazional în timp ce gătiți timp de 5-7 minute, până când toate părțile se rumenesc. Transferați tigaia la cuptor. Se prăjește la 250F timp de 20 până la 25 de minute. Transferați carnea pe o masă de tăiat și lăsați-o să se odihnească timp de peste 10 minute înainte de a o feli.

d) Încinge 1 lingură de ulei într-o tigaie mare la foc mediu . Amestecați des usturoiul și șalota în timp ce gătiți timp de 3-4 minute, până se înmoaie. Adăugați pasta de curry și coaja de lime. Amestecați constant în timp ce gătiți timp de 4-5 minute, până când pasta devine parfumată și puțin mai închisă la culoare.

e) Adăugați laptele de cocos. Aduceți amestecul la fiert. Gatiti 20-25 de minute, pana scade la jumatate. Lăsați amestecul de curry să se răcească.

f) Transferați amestecul de curry în robotul de bucătărie. Adăugați suc de lămâie, agave, 2 linguri de apă și 1/4 cană de coriandru. Amestecați până la omogenizare. Adăugați ultima 1/2 cană de ulei într-un flux constant. Apoi amestecați până când sosul este emulsionat și gros. Transferați într-o tigaie mică. Se încălzește la temperatură medie până se încălzește. Serviți carnea de porc și sosul ornat cu semințe de dovleac și coriandru.

81. Curry cu mere și porc

Face 8 portii

Ingrediente:

- 2 lbs. de 1"-cuburi de friptură de porc, dezosată
- 1 mar decojit, tocat, mediu
- 1 ceapa tocata, mica
- 1/2 cană suc de portocale
- 1 catel de usturoi tocat
- 1 lingurita de supa granulata de pui
- 1 lingură de pudră de curry
- 1/2 linguriță de sare cușer
- 1/2 linguriță de ghimbir, măcinat
- 1/4 linguriță de scorțișoară, măcinată
- 2 linguri de amidon de porumb
- 2 linguri de apa, rece
- Opțional: orez fiert, fierbinte
- 1/4 cană de nucă de cocos prăjită, măruntită, îndulcită
- 1/4 cană de stafide

Directii:

a) În aragazul mic, combinați primele 10 ingrediente de mai sus. Acoperiți aragazul lent. Gatiti la setarea joasa timp de 6 ore (poate fi mai putin, atata timp cat carnea devine frageda).

b) Măriți aragazul lent la setarea ridicată. Într-un castron mic, amestecați apa și amidonul de porumb până se omogenizează. Adăugați și amestecați în aragazul lent. Puneți capacul înapoi. Amestecați o dată în timp ce gătiți până se îngroașă, 1/2 oră. Serviți alături de orez pe farfurii sau în boluri. Deasupra presara nuca de cocos si stafide, daca folosesti.

82. Carne de porc la gratar cu curry

Face 4 portii

Ingrediente:

- 1 x 13 & 1/2 oz. cutie de lapte de cocos, neindulcit
- 2 linguri de sos de peste
- 2 linguri de sos de soia, sodiu scăzut
- 1 lingura de zahar, granulat
- 1 linguriță de sare, cușer
- 3/4 lingurite de piper, alb
- 1/2 linguriță de turmeric, măcinat
- 1/2 linguriță de pudră de curry
- 3/4 cană de lapte condensat, îndulcit
- 1 și 1/2 lb. de 4 x 1/2" spată de porc tăiată în fâșii, dezosată
- 4 uncii. din bucăți tăiate de 1/2" fatback

Directii:

a) Aduceți laptele de cocos, sosul de soia, sosul de pește, sare, piper măcinat, zahărul, turmeric și praful de curry la fiert într-o tigaie medie în timp ce amestecați ocazional. Reduceți căldura. Se fierbe timp de 10 până la 15 minute până când aromele se topesc și se formează bule de sos.

b) Transferați amestecul într-un bol mare. Se lasa putin sa se raceasca si apoi se adauga laptele condensat. Gustați sosul și asezonați după cum doriți.

c) Adăugați carnea de porc. Aruncați în timp ce masați carnea de porc folosind mâinile. Acoperi. Răciți timp de o oră.

d) Pregătiți grătarul pentru un nivel mediu-înalt de căldură.

e) Așezați 1 bucată fatback pe mijlocul frigăruilor. Ață pe carnea de porc. Întoarceți ocazional în timp ce gătiți la grătar timp de 4-5 minute, până când sunt gătite complet și ușor carbonizate. Servi.

83. Curry de porc cu vinete

Face 6 portii

Ingrediente:

- 4 ardei iute roșu lung, despicați pe lungime, fără semințe
- 1 felie groasă de galangal, tocată
- 1 ceapă de primăvară (ceapă), tocată
- 2 catei de usturoi, tocati
- 2 radacini de coriandru, tocate
- 1 tulpină de lemongrass, doar partea albă, feliată subțire
- 1 lingurita piper alb macinat
- 1 lingurita pasta de creveti
- 1 lingurita sos de peste
- 2 linguri de unt de arahide crocant
- 600 g (1 lb 5 oz) umăr de porc
- 1 felie groasă de ghimbir
- 2 linguri zahăr de palmier ras
- 80 ml (2½ oz/1/3 cană) sos de pește

- 400 ml (14 oz) cremă de nucă de cocos (nu agitați tava)

- 250 g (9 oz) vinete (vinete) tăiate în cuburi de 2 cm ($\frac{3}{4}$ in)

- 225 g (8 oz) lăstari de bambus conservați sau 140 g (5 oz) scurți, tăiați felii

- 1 mână mare busuioc thailandez, tocat

Directii:

a) Puneți ardeii iuți împărțiți într-un castron puțin adânc și turnați peste suficientă apă fierbinte pentru a se acoperi și a se odihni timp de 15 minute sau până se înmoaie. Scurgeți, rezervând 1 lingură de lichid de înmuiat.

b) Puneți ardeii iuți și lichidul de înmuiere rezervat cu ingredientele rămase pentru pasta de curry, cu excepția untului de arahide, într-un robot de bucătărie sau într-un mojar cu un pistil și procesați sau bateți până la o pastă netedă. Se amestecă untul de arahide.

c) Tăiați carnea de porc în felii groase de 1 cm ($\frac{1}{2}$ inch). Se pune intr-o cratita si se acopera cu apa. Adăugați felia de ghimbir, 1 lingură de zahăr de palmier și 1 lingură de sos de pește.

d) Se aduce la fierbere la foc mare, apoi se reduce la fiert și se fierbe timp de 20-25 de minute sau până când carnea este fragedă.

e) Se ia de pe foc si se lasa carnea sa se raceasca in supa lichida. Apoi strecoară, rezervând 250 ml (9 oz/1 cană) de lichid de gătit.

f) Puneți crema groasă de nucă de cocos din partea de sus a formei într-o cratiță, aduceți la fiert rapid la foc mediu, amestecând ocazional și gătiți timp de 5-10 minute sau până când amestecul „se desparte" (uleiul începe să se separe).

g) Adăugați pasta de curry și zahărul de palmier rămas și sosul de pește și aduceți la fierbere. Reduceți la fiert și gătiți timp de aproximativ 3 minute, sau până când este parfumat.

h) Adăugați carnea de porc, vinetele, bambusul feliat, lichidul de gătit de carne de porc rezervat și crema de cocos rămasă.

i) Măriți căldura și aduceți din nou la fierbere înainte de a reduce la foc mic și de a găti încă 20-25 de minute, sau până când vinetele sunt fragede și sosul s-a îngroșat ușor. Acoperiți cu frunze de busuioc.

84. Curry de porc prăjit din Sri Lanka

Face 6 portii

Ingrediente:

- 80 ml (2½ oz/1/3 cană) ulei
- 1,25 kg (2 lb 12 oz) umăr de porc dezosat, tăiat în cuburi de 3 cm (1¼ in)
- 1 ceapa rosie mare, tocata marunt
- 3-4 căței de usturoi, zdrobiți
- 1 lingura de ghimbir ras
- 10 frunze de curry
- 1 lingurita de seminte de schinduf
- 1 lingurita praf de chilli
- 6 păstăi de cardamom, învinețite
- 2½ linguri pudră de curry din Sri Lanka
- 1 lingura otet alb
- 3 linguri concentrat de tamarind
- 270 ml (9½ oz) cremă de nucă de cocos

Directii:

a) Se încălzește jumătate din ulei într-o cratiță mare la foc mare, se adaugă carnea și se fierbe în reprize timp de 6 minute, sau până se rumenește bine. Scoateți din tigaie. Se încălzește uleiul rămas, se adaugă ceapa și se fierbe la foc mediu timp de 5 minute sau până se rumenește ușor.

b) Adăugați usturoiul și ghimbirul și gătiți timp de 2 minute. Se amestecă frunzele de curry, condimentele și pudra de curry și se gătesc timp de 2 minute sau până când sunt parfumate. Se amestecă oțetul și 1 linguriță de sare.

c) Întoarceți carnea în tigaie, adăugați concentratul de tamarind și 310 ml (10¾ oz/1¼ cani) de apă și fierbeți, acoperit, amestecând ocazional, timp de 40-50 de minute sau până când carnea este fragedă.

d) Se amestecă crema de cocos și se fierbe, neacoperit, timp de 15 minute, sau pană când sosul s-a redus și s-a îngroșat puțin. Serviți imediat.

85. Vindaloo de porc

Face 4 portii

Ingrediente:

- 1 kg (2 lb 4 oz) file de porc
- 3 linguri ulei
- 2 cepe, tocate mărunt
- 4 catei de usturoi, macinati
- 1 lingura de ghimbir tocat marunt
- 1 lingura garam masala
- 2 lingurițe de semințe de muștar brun
- 4 linguri pastă vindaloo gata preparată

Directii:

a) Tăiați fileul de porc de orice exces de grăsime și tendințe și tăiați-l în bucăți mici.

b) Se încălzește uleiul într-o cratiță, se adaugă carnea în cantități mici și se gătește la foc mediu timp de 5-7 minute sau până se rumenește. Scoateți din tigaie.

c) Adăugați ceapa, usturoiul, ghimbirul, garam masala și semințele de muștar în tigaie și gătiți, amestecând, timp de 5 minute sau până când ceapa este moale.

d) Se pune toată carnea înapoi în tigaie, se adaugă pasta de vindaloo și se fierbe, amestecând, timp de 2 minute. Adăugați 625 ml (21½ oz/2½ căni) de apă și aduceți la fierbere.

e) Reduceți focul și fierbeți, acoperit, timp de 1 oră și jumătate, sau până când carnea este fragedă.

86. Curry de porc și cardamom

Face 4 portii

Ingrediente:

- 10 păstăi de cardamom
- 6 cm (2½ inchi) ghimbir, tocat
- 3 catei de usturoi, macinati
- 2 lingurițe boabe de piper negru
- 1 baton de scortisoara
- 1 ceapă, tăiată mărunt
- 1 lingurita chimen macinat
- 1 lingurita coriandru macinat
- 1 lingurita garam masala
- 3 linguri ulei
- 1 kg (2 lb 4 oz) file de porc, feliat subțire
- 2 rosii, taiate marunt
- 125 ml (4 oz/½ cană) supă de pui
- 125 ml (4 oz/½ cană) lapte de cocos

Directii:

a) Zdrobiți ușor păstăile de cardamom cu partea plată a unui cuțit greu. Scoateți semințele, aruncând păstăile.

b) Puneți semințele și ingredientele rămase din pasta de curry într-un robot de bucătărie sau într-un mojar cu un pistil și procesați sau bateți până la o pastă netedă.

c) Puneți $2\frac{1}{2}$ linguri de ulei într-o tigaie mare și groasă și prăjiți carnea de porc în loturi până se rumenește, apoi lăsați deoparte.

d) Adăugați uleiul rămas în tigaie, apoi adăugați pasta de curry și gătiți la foc mediu-înalt timp de 3-4 minute sau până când devine aromat.

e) Adăugați roșiile, supa de pui și laptele de cocos și fierbeți acoperit la foc mic-mediu timp de 15 minute.

f) În timp ce gătiți, îndepărtați uleiul care iese la suprafață și aruncați-l.

g) Adăugați carnea de porc în sos și fierbeți fără acoperire timp de 5 minute sau până când este fiert.

87. Curry de porc cu cinci condimente

Face 4 portii

Ingrediente:

- 500 g (1 lb 2 oz) coaste de porc
- 1½ lingurita ulei
- 2 catei de usturoi, macinati
- 190 g (6¾ oz) pufuri de tofu prăjite
- 1 lingura de ghimbir tocat marunt
- 1 linguriță cu cinci condimente
- 1 lingurita piper alb macinat
- 3 linguri sos de peste
- 3 linguri sos de soia dulce
- 2 linguri sos de soia usor
- 35 g (1¼ oz/¼ cană) zahăr de palmier ras
- 1 mână mică de frunze de coriandru, tocate
- 100 g (3½ oz), mazăre de zăpadă feliată subțire

Directii:

a) Tăiați coastele de rezervă în bucăți groase de 2,5 cm (1 inch), aruncând orice bucăți mici de os. Se pune intr-o cratita si se acopera cu apa rece. Se aduce la fierbere, apoi se reduce la fiert și se fierbe timp de 5 minute. Scurgeti si puneti deoparte.

b) Încinge uleiul într-o cratiță cu bază grea la foc mediu-înalt. Adăugați carnea de porc și usturoiul și amestecați până se rumenesc ușor.

c) Adăugați ingredientele rămase, cu excepția mazărei de zăpadă, plus 560 ml ($19\frac{1}{4}$ oz/$2\frac{1}{4}$ căni) de apă.

d) Acoperiți, aduceți la fierbere, apoi reduceți la fiert și gătiți, amestecând ocazional, timp de 15-18 minute sau până când carnea de porc este fragedă.

e) Se amestecă mazărea de zăpadă și se servește.

88. Curry de porc cu plante verde

Face 6 portii

Ingrediente:

- 2 lingurițe de semințe de coriandru
- 2 lingurițe de semințe de fenicul
- 1 lingurita piper alb macinat
- 1½ linguriță de ghimbir ras
- 6 catei de usturoi, macinati
- 2 cepe, tocate
- 3 linguri ulei
- 1 kg (2 lb 4 oz) umăr de porc, tăiat în cuburi de 2 cm (¾ in)
- 250 ml (9 oz/1 cană) supă de pui
- 125 g (4½ oz/½ cană) iaurt simplu
- 1 mână mare de coriandru
- 1 mână mare mărar, tocat grosier

Directii:

a) Prăjiți semințele de coriandru și fenicul într-o tigaie la foc mediu-înalt timp de 2-3 minute sau până când sunt parfumate. Se lasa sa se raceasca. Folosind un mojar cu un pistil sau o râșniță de condimente, zdrobiți sau măcinați până la o pulbere.

b) Puneți semințele de coriandru și fenicul măcinate împreună cu ardeiul, ghimbirul, usturoiul și ceapa într-un robot de bucătărie sau într-un mojar cu un pistil și procesați sau pisați până la o pastă netedă. Adăugați puțină apă dacă este prea groasă.

c) Încălziți 2 linguri de ulei într-o cratiță cu bază grea la foc mare și rumeniți carnea de porc în reprize. Pus deoparte.

d) Reduceți focul la mic, apoi adăugați uleiul rămas și gătiți condimentele și pasta de ceapă, amestecând constant, timp de 5-8 minute. Adăugați carnea de porc înapoi în tigaie și amestecați pentru a se acoperi cu pasta.

e) Adăugați bulionul de pui, creșteți căldura la mare și aduceți la fierbere, apoi reduceți la fierbere foarte lent, acoperiți și gătiți timp de $2-2\frac{1}{2}$ ore sau până când carnea de porc este foarte fragedă. În timp ce gătiți, amestecați ocazional și îndepărtați uleiul care iese la suprafață și aruncați-l.

f) Pune iaurtul, coriandru tocat, mararul si 3 linguri din lichidul de gatit din carnea de porc intr-un vas sau un castron si mixeaza cu un blender pana se omogenizeaza, apoi adauga din nou in carnea de porc.

g) Se ia de pe foc, se condimenteaza bine dupa gust si se serveste.

89. Carne de porc, miere și curry de migdale

Face 4 portii

Ingrediente:

- 1 baton de scortisoara
- 3 păstăi de cardamom
- 750 g (1 lb 10 oz) umăr de porc dezosat
- 1 lingura ulei
- 2 linguri miere
- 3 catei de usturoi, macinati
- 2 cepe, tocate
- 150 ml (5 oz) supa de pui
- 1 lingurita turmeric macinat
- 1 lingurita piper negru macinat
- 1 lingurita coaja rasa de lamaie
- 1 lingurita coaja rasa de portocala
- 250 g (9 oz/1 cană) iaurt simplu
- 30 g (1 oz/$\frac{1}{4}$ cană) de migdale felii, prăjite
- 1 mână mică de frunze de coriandru, tocate
- 1 mână mică pătrunjel plat (italian), tocat

Directii:

a) Prăjiți scorțișoara și cardamomul într-o tigaie, la foc mediu-înalt, timp de 2-3 minute, sau până când sunt parfumate. Se lasa sa se raceasca. Folosind un mojar cu un pistil sau o râșniță de condimente, zdrobiți sau măcinați până la o pulbere.

b) Tăiați carnea de porc în cuburi de 2 cm (¾ in). Încinge uleiul și mierea într-o cratiță cu bază grea la foc mediu. Adăugați carnea de porc, usturoiul și ceapa tăiate cubulețe și gătiți timp de 8-10 minute, sau până când ceapa este translucidă și carnea de porc este aurie.

c) Adăugați 200 ml (7 oz) apă și supa de pui, aduceți la fierbere, apoi reduceți la fiert, acoperiți și gătiți, amestecând ocazional, timp de 1 oră și 15 minute sau până când carnea de porc este fragedă.

d) Descoperiți și aduceți la fiert rapid timp de 10 minute sau până când cea mai mare parte a lichidului este absorbită. Adăugați condimentele zdrobite, turmericul, piperul, 1 linguriță de sare și coaja de citrice și fierbeți încă 3-4 minute.

e) Pentru a servi, reîncălziți ușor, amestecând iaurtul, migdalele, coriandru tocat și pătrunjel cu frunze pla

CEREALE/CURRY CEREALE

90. Curry de linte

Face 10 portii

Ingrediente:

- 4 căni de apă, filtrată
- 1 x 28 oz. conserva de rosii, zdrobite
- 3 cartofi medii curățați și tăiați cubulețe
- 3 morcovi medii tăiați felii subțiri
- 1 cană de linte uscată, clătită
- 1 ceapa mare tocata
- 1 coastă de țelină tocată
- 4 lingurițe de pudră de curry
- 2 foi de dafin, uscate
- 2 catei de usturoi tocati
- 1 & 1/4 linguriță de sare, cușer

Directii:

a) Combinați primele 10 ingrediente de mai sus în slow cooker.

b) Gatiti la setare mare pana lintea si legumele sunt fragede, aproximativ 6 ore.

c) Adăugați sare și amestecați. Aruncați foile de dafin și serviți.

91. Curry de conopidă și năut

Face 4 portii

Ingrediente:

- 2 lbs. de cartofi decojiti, cuburi de 1/2".

- 1 cap de conopidă tăiat în buchețel

- 1 x 15 oz. conserva de năut clătit, scurs

- 2 lingurițe de pudră de curry

- 3 linguri de ulei, măsline

- 3/4 lingurițe de sare, cușer

- 1/4 linguriță de piper, negru

- 3 linguri de patrunjel tocat sau coriandru

Directii:

a) Acoperiți o tigaie de 15" x 10" x 1" folosind spray antiaderent. Preîncălziți cuptorul la 400F.

b) Puneți primele șapte ingrediente într-un castron mare și acoperiți prin amestecare. Transferați-le în tava de gătit.

c) Se prăjește în cuptorul la 400F timp de 30 până la 35 de minute, amestecând ocazional, până când legumele devin fragede. Se presara cu coriandru sau patrunjel. Servi.

92. Curry cu naut si quinoa

Face 4 portii

Ingrediente:

- 1 & 1/2 cană de apă, filtrată
- 1/2 cană suc de portocale
- 1 x 15 oz. cutie de fasole garbanzo sau năut clătite, scurse
- 2 roșii fără sămânță, tocate, medii
- 1 ardei roșu mediu tăiat julien, dulce
- 1 cană de quinoa clătită
- 1 ceapa mica tocata marunt, rosie
- 1 lingurita de pudra de curry
- 1/2 cană de stafide, aurii sau închise la culoare
- 1/2 cană de coriandru tocat, proaspăt

Directii:

a) Într-o tigaie mare, aduceți la fiert apa și sucul de portocale proaspăt sau îmbuteliat. Adăugați și amestecați roșiile, năutul, quinoa, ardeiul roșu, ceapa, curry și stafidele. Se pune amestecul la fiert. Apoi reduceți căldura.

b)   Acoperiți tigaia. Fierbeți până când amestecul absoarbe lichidul, 15 până la 20 de minute.

c)   Scoateți tigaia de pe foc. Pufează și presară coriandru peste amestecul de curry. Se serveste fierbinte.

93. Dal curry

Face 4 portii

Ingrediente:

- 200 g (7 oz/¾ cană) linte roșie
- 3 felii groase de ghimbir
- 1 lingurita turmeric macinat
- 1 lingură ghee sau ulei
- 2 catei de usturoi, macinati
- 1 ceapa, tocata marunt
- 1 linguriță de semințe de muștar galben
- ciupiți asafoetida, opțional
- 1 lingurita de seminte de chimen
- 1 lingurita coriandru macinat
- 2 ardei iute verzi, tăiați la jumătate pe lungime
- 2 linguri suc de lamaie

Directii:

a) Puneți lintea și 750 ml (26 oz/3 căni) de apă într-o cratiță și aduceți la fierbere. Reduceți focul, adăugați ghimbirul și turmericul și fierbeți, acoperit, timp de 20 de minute, sau până când lintea este fragedă. Se amestecă din când în când pentru a nu se lipi lintea de tigaie. Scoateți ghimbirul și asezonați amestecul de linte cu sare.

b) Se încălzește ghee-ul sau uleiul într-o tigaie, se adaugă usturoiul, ceapa și semințele de muștar și se fierbe la foc mediu timp de 5 minute, sau până când ceapa este aurie.

c) Adăugați asafoetida, semințele de chimen, coriandru măcinat și ardei iute și gătiți timp de 2 minute.

d) Adăugați amestecul de ceapă la linte și amestecați ușor pentru a se combina. Adăugați 125 ml (4 oz/½ cană) de apă, reduceți focul la mic și gătiți timp de 5 minute. Se amestecă sucul de lămâie și se servește.

94. Dum aloo

Face 6 portii

Ingrediente:

- 4 păstăi de cardamom
- 1 lingurita de ghimbir ras
- 2 catei de usturoi, macinati
- 3 ardei iute roșii
- 1 lingurita de seminte de chimen
- 40 g (1½ oz/¼ cană) nuci caju
- 1 lingura de mac alb
- 1 baton de scortisoara
- 6 cuișoare
- 1 kg (2 lb 4 oz) cartofi universali, tăiați cubulețe
- 2 cepe, tocate grosier
- 2 linguri ulei
- ½ linguriță de turmeric măcinat
- 1 lingurita faina de naut
- 250 g (9 oz/1 cană) iaurt simplu
- frunze de coriandru, pentru ornat

Directii:

a) Zdrobiți ușor păstăile de cardamom cu partea plată a unui cuțit greu. Scoateți semințele, aruncând păstăile.

b) Puneți semințele și ingredientele rămase din pasta de curry într-un robot de bucătărie sau într-un mojar cu un pistil și procesați sau bateți până la o pastă netedă.

c) Aduceți la fiert o cratiță mare cu apă ușor sărată. Adăugați cartofii și gătiți timp de 5-6 minute sau până când se înmoaie, apoi scurgeți.

d) Pune ceapa intr-un robot de bucatarie si proceseaza-l in rafale scurte pana se toaca marunt dar nu se face piure.

e) Se incinge uleiul intr-o cratita mare, se adauga ceapa si se caleste la foc mic 5 minute. Adăugați pasta de curry și gătiți, amestecând, timp de încă 5 minute sau până când este parfumat. Se amestecă cartofii, turmericul, sare după gust și 250 ml (9 oz/1 cană) apă rece.

f) Reduceți focul și fierbeți, bine acoperit, timp de 10 minute, sau până când cartoful este fiert, dar nu se rupe și sosul s-a îngroșat puțin.

g) Se amestecă fasolea cu iaurtul, se adaugă la amestecul de cartofi și se fierbe, amestecând, la foc mic, timp de 5 minute, sau până se îngroașă din nou.

h) Se ornează cu frunze de coriandru și se servește.

95. Paneer și curry de mazăre

Face 5 portii

Ingrediente:

Paneer

- 2 litri (70 oz/8 căni) lapte
- 80 ml (2½ oz/1/3 cană) suc de lămâie
- ulei pentru prăjire

pasta de curry

- 2 cepe mari
- 3 catei de usturoi
- 1 lingurita de ghimbir ras
- 1 lingurita de seminte de chimen
- 3 ardei iute roșu uscat
- 1 lingurita de seminte de cardamom
- 4 cuișoare
- 1 lingurita de seminte de fenicul
- 2 bucati scoarta de cassia
- 500 g (1 lb 2 oz) mazăre
- 2 linguri ulei

- 400 ml (14 oz) passată de roșii (piure de roșii)
- 1 lingura garam masala
- 1 lingurita coriandru macinat
- 1 lingurita turmeric macinat
- 1 lingură smântână (frișată) frunze de coriandru, de servit

Directii:

a) Se pune laptele într-o cratiță mare, se aduce la fierbere, se amestecă cu zeama de lămâie și se stinge focul. Amestecați amestecul timp de 1-2 secunde în timp ce se coagulează.

b) Puneți într-o strecurătoare și lăsați 30 de minute pentru ca zerul să se scurgă. Puneți cașul de paneer pe o suprafață curată, plană, acoperiți cu o farfurie, cântăriți și lăsați timp de cel puțin 4 ore.

c) Puneți toate ingredientele din pasta de curry într-un robot de bucătărie sau într-un mojar cu un pistil și procesați sau bateți până la o pastă netedă.

d) Tăiați panoul solid în cuburi de 2 cm ($\frac{3}{4}$ inchi). Umpleți o cratiță adâncă cu ulei cu o treime și încălziți la 180°C (350°F) sau până când un cub de pâine se rumenește în 15 secunde. Gătiți panoul în loturi timp de 2-3 minute sau până când devine auriu. Scurgeți pe un prosop de hârtie.

e) Aduceți o cratiță cu apă la fiert, adăugați mazărea și gătiți timp de 3 minute sau până când se înmoaie. Scurgeti si puneti deoparte.

f) Se încălzește uleiul într-o cratiță mare, se adaugă pasta de curry și se gătește la foc mediu timp de 4 minute sau până când este parfumată. Adăugați piureul de roșii, condimentele, smântâna și 125 ml (4 oz/½ cană) apă. Se condimentează cu sare și se fierbe la foc mediu timp de 5 minute.

g) Adăugați paneerul și mazărea și gătiți timp de 3 minute. Se ornează cu frunze de coriandru și se servește.

CURRY DE FRUCTE

96. Curry de ananas iute-acru

Face 6 portii

Ingrediente:

- 1 ananas semicopt, fără miez, tăiat în bucăți
- ½ linguriță de turmeric măcinat
- 1 anason stelat
- 1 baton de scorțișoară, rupt în bucăți mici
- 7 cuișoare
- 7 păstăi de cardamom, învinețite
- 1 lingura ulei
- 1 ceapa, tocata marunt
- 1 lingurita de ghimbir ras
- 1 cățel de usturoi, zdrobit
- 5 ardei iute roșu, tocat
- 1 lingura zahar
- 3 linguri crema de cocos

Directii:

a) Punem ananasul intr-o cratita, acoperam cu apa si adaugam turmericul. Puneți anasonul stelat, scorțișoară, cuișoare și păstăi de cardamom pe un pătrat de muselină și legați bine cu sfoară.

b) Se adaugă în tigaie și se fierbe la foc mediu timp de 10 minute. Strângeți punga pentru a extrage orice aromă, apoi aruncați-l. Rezervați lichidul de gătit.

c) Se încălzește uleiul într-o tigaie, se adaugă ceapa, ghimbirul, usturoiul și ardeiul iute și se gătesc, amestecând, timp de 1-2 minute sau până când sunt parfumate. Adăugați ananasul și lichidul de gătit, zahărul și sare după gust.

d) Gatiti 2 minute, apoi adaugati crema de cocos. Gatiti, amestecand, la foc mic timp de 3-5 minute, sau pana cand sosul se ingroasa. Servește acest curry cald sau rece.

97. Carne de porc dulce și curry de ananas

Face 4 portii

Ingrediente:

- 500 g (1 lb 2 oz) pulpă de porc dezosată, fără grăsime în exces
- 1 lingura ulei
- 3 catei de usturoi, macinati
- 125 ml (4 oz/½ cană) oțet de malț brun
- 45 g (1½ oz/¼ cană) zahăr de palmier (jaggery), ras
- 3 linguri pasta de rosii
- 1 roșie, tăiată felii
- 1 ceapă, tăiată în felii subțiri
- 90 g (3¼ oz/½ cană) ananas, tăiat în bucăți
- 1 castravete, tăiat în jumătate pe lungime, fără semințe, feliat
- 1 ardei ardei roșu, tăiat fâșii
- 2½ linguri de ardei iute jalapeño tocat
- 2 cepe de primăvară (cepe), tăiate în bucăți de 5 cm (2 inchi).

- 1 mână mică de frunze de coriandru

Directii:

a) Tăiați carnea de porc în cuburi de 3 cm (1¼ in). Încinge uleiul într-o cratiță mare la foc mediu.

b) Adăugați carnea de porc și usturoiul și gătiți timp de 4-5 minute sau până când carnea de porc se rumenește ușor.

c) Într-o altă cratiță, amestecați oțetul, zahărul de palmier, ½ linguriță de sare și pasta de roșii la foc mediu timp de 3 minute, sau până când zahărul de palmier se dizolvă.

d) Adăugați amestecul de oțet la carnea de porc împreună cu roșiile, ceapa, ananasul, castraveții, ardeiul și jalapeños.

e) Aduceți la fierbere, apoi reduceți la fiert și gătiți timp de 8-10 minute sau până când carnea de porc este fragedă. Se amestecă ceapa primăvară și coriandru și se servește.

98. Curry de porc și pepene amar

Face 4 portii

Ingrediente:

- 6 pepeni galbeni, aproximativ 700 g (1 lb 9 oz) total

- 2 linguri de zahar

Umplutura de porc

- 250 g (9 oz) carne de porc tocată (măcinată).

- 1 lingurita de ghimbir tocat

- 1 lingurita boabe de piper alb, zdrobite

- 1 cățel de usturoi, zdrobit

- 1 ceapă primăvară (ceapă), tocată mărunt

- 1 lingurita boia

- 2 linguri castane de apa tocate marunt

- 2 frunze de lime kaffir, feliate subțiri 1½ linguriță alune zdrobite

- 1 mână mică de frunze de coriandru, tocate

- 1 lingură zahăr de palmier ras (jaggery)

- 1 lingura sos de peste

- 3 linguri ulei

- 1 lingură pastă de curry roșu gata preparată
- 1 lingură zahăr de palmier ras (jaggery)
- 1 lingura sos de peste
- 250 ml (9 oz/1 cană) cremă de nucă de cocos
- 4 frunze de tei kaffir

Directii:

a) Aruncați capetele de pepene amar, apoi tăiați în felii de 2,5 cm (1 inch). Scobiți membrana centrală fibroasă și semințele cu un cuțit mic, lăsând inelele exterioare intacte.

b) Aduceți 750 ml (26 oz/3 căni) de apă la fiert cu zahărul și 3 lingurițe de sare. Se fierbe pepenele galben timp de 2 minute și se scurge.

c) Combinați toate ingredientele pentru umplutura de porc. Împachetați-o în bucăți de pepene galben. Încinge 2 linguri de ulei într-o cratiță cu bază grea la foc mic și adaugă pepenele, gătind 3 minute pe fiecare parte, sau până când carnea de porc este aurie și etanșată. Pus deoparte.

d) Adăugați uleiul rămas în tigaia cu pasta de curry roșu. Se amestecă timp de 3 minute sau până când este aromat.

e) Adăugați zahărul de palmier și sosul de pește și amestecați până se dizolvă. Adaugă crema de nucă de cocos, 250 ml (9 oz/1 cană) apă și frunze de lime kaffir.

f) Se fierbe 5 minute, apoi se adaugă cu grijă pepenele amar. Continuați să fierbeți, întorcând carnea de porc la jumătate, timp de 20 de minute sau până când carnea de porc este gătită și pepenele galben este fraged.

99. Snapper cu banane verzi și mango

Face 4 portii

Ingrediente:

- 3 linguriţe de seminţe de coriandru
- 1 lingurita de seminte de chimen
- 2-3 ardei iute roşu lung uscat
- 2 tulpini de lemongrass, doar partea albă, feliate fin
- 3 şalote asiatice roşii, tocate mărunt
- 2 catei de usturoi, macinati
- 1 lingurita turmeric macinat
- 1 lingurita pasta de creveti
- 1 lingurita turmeric macinat
- 1 banană verde mică sau pătlagină, feliată subţire
- 3 linguri crema de cocos
- 1 lingura sos de peste
- 1 linguriţă zahăr de palmier ras (jaggery
- 400 g (14 oz) snapper sau alte file de peşte alb, fără piele, tăiate în cuburi mari
- 315 ml ($10\frac{3}{4}$ oz/$1\frac{1}{4}$ cani) lapte de cocos

- 1 mango mic, doar copt, tăiat în felii subțiri

- 1 ardei iute verde lung, feliat fin

- 12 frunze de busuioc thailandez

Directii:

a) Prăjiți semințele de coriandru și chimen într-o tigaie la foc mediu-înalt timp de 2-3 minute sau până când sunt parfumate. Se lasa sa se raceasca. Folosind un mojar cu un pistil sau o râșniță de condimente, zdrobiți sau măcinați până la o pulbere.

b) Înmuiați ardeii iute în apă clocotită timp de 5 minute sau până când se înmoaie. Scoateți tulpina și semințele, apoi tăiați.

c) Puneți ardeii iute, coriandru măcinat și semințele de chimen cu ingredientele rămase pentru pasta de curry într-un robot de bucătărie sau într-un mojar cu un pistil și procesați sau bateți până la o pastă netedă. Adăugați puțin ulei dacă este prea gros.

d) Aduceți o cratiță mică cu apă la fiert. Adăugați 1 linguriță de sare, turmeric și felii de banană și fierbeți timp de 10 minute, apoi scurgeți.

e) Puneți crema de nucă de cocos într-o cratiță, lăsați să fiarbă rapid la foc mediu, amestecând din când în când și gătiți timp de 5-10 minute sau până când amestecul „se desparte" (uleiul începe să se separe). Adăugați 2 linguri din pasta de curry făcută, amestecați bine pentru a se combina și gătiți până se parfumează. Adăugați sosul de pește și zahărul și gătiți încă 2 minute sau până când amestecul începe să se întunece.

f) Adăugați bucățile de pește și amestecați bine pentru a acoperi peștele în amestecul de curry. Adăugați încet laptele de cocos până când s-a încorporat tot.

g) Adăugați în tigaie banana, mango, ardei iute verde și frunzele de busuioc și amestecați ușor pentru a combina toate ingredientele.

h) Gatiti inca 1-2 minute, apoi serviti.

CONCLUZIE

Această carte de bucate cu curry v-a arătat cum să folosiți diferite ingrediente pentru a afecta gusturi unice și picante în multe feluri de mâncare cu curry. Indiferent dacă pregătiți un fel de mâncare cu carne de vită, miel, porc sau legume, aceste feluri de mâncare autentice cu curry vă vor mulțumi cu siguranță familia și oaspeții.

www.ingramcontent.com/pod-product-compliance
Lightning Source LLC
Chambersburg PA
CBHW070459120526
44590CB00013B/688